成都万有图书有限公司　出品

# 美谈

伍立杨自选集

伍立杨——著

北方联合出版传媒（集团）股份有限公司
春风文艺出版社
·沈阳·

图书在版编目（CIP）数据

美谈 / 伍立杨著. — 沈阳 : 春风文艺出版社，
2012.7
ISBN 978-7-5313-4203-8

Ⅰ. ①美… Ⅱ. ①伍… Ⅲ. ①散文集–中国–当代
Ⅳ. ①I267

中国版本图书馆CIP数据核字(2012)第043926号

美 谈

选题策划 魏希望
书名题写 敬 居
特约编辑 屈子娟
责任编辑 王维良 姚宏越
责任校对 张 斌
装帧设计 最近文化
开本尺寸 880mm × 1260mm 1/32
字 数 130 千字
印 张 6.25
版 次 2012 年 7 月第 1 版
印 次 2012 年 7 月第 1 次

出版发行 北方联合出版传媒（集团）股份有限公司
春风文艺出版社
地 址 沈阳市和平区十一纬路25号
邮 编 110003
网 址 http//:www.chinachunfeng.com
购书热线 024-23284402
印 刷 四川新华彩色印务有限公司

ISBN 978-7-5313-4203-8 定价：26.00 元

## 自 序

# 幽微处的情绪烟云

纸上的风景，搜剔幽秘，如人饮水，冷暖自知。欧洲小说，自夏多布里昂，描写风景，成为一时风尚。虽游离主题之外，却自有妙趣。五代后蜀韦縠编选《才调集》，他就相信文字词采，其韵之高，可比桂魄；其词之丽，可胜春色。陈从周一部《说园》，议论周匝，文字雅俊，缩龙成寸，点缀疏密，不啻一部胸中之园林。微雨小窗，草木苍然，苏东坡时代的风景，今天已难实指，而其文字心情，仍可一贯。夜来风雨一灯，闭户读书，翻开全唐诗，光是看看题目，也就很有意思了。《塞路晚晴》《春晚旅次有怀》《秋宿湘江遇雨》《寄邻庄道侣》，汉字天然的组合，意境深深，惹人沉吟叩弹。看来纸上的风景，一半是大自然，一半是文字奇妙组合产生的韵味。魏晋诗歌虽窥情风景，钻貌草木，太过重视形似，然在一番雕琢研磨之中，文字的神理，悄然潜伏下来。故虽看若形似，而文字越千年，实形神俱在。顾长康说会稽山川之美是“千岩竞秀，万壑争流”。多少年又多少年，山川非复旧时容，而此文字定格的自然之美却灵性长存不灭。文字意境，其勾勒渲染，所予人者，甚至过于自然本身。

王羲之一生写过五百多封杂帖，这些写在绢帛之上的简短书信，多言约意丰，语短情长。他推重艺术化的人生，力图使生活艺术化，艺术生活化，诗文风雅，书画遣兴，他的书法翩若惊鸿，他的杂帖又情思摇荡，看似可有可无，因为其中没有非说不可的话，然味道正在其中，艺术家的气质因了社会风尚而得以结晶为第一流的艺术品。到了蒲松龄，惊霜寒雀，抱树无温，就只好人鬼狐妖，聊发异想了。然而，子夜一灯如豆，萧斋冷寂，“寄托如此，亦足悲矣”。仿佛听得见蒲翁落地不散的长叹。

有时候静坐思维，与时光共老，看芭蕉又绿，心境空漠，寐不交睫。偶有浅梦，也必是买芒鞋竹杖，向故乡的千山万山深处，一片蒲团，了此三千大千世界。正所谓“交寡深深怀旧地，变多渐渐悟浮生”。

张恨水先生云：托迹未高飞不起，稗官写到鬓斑时。洵为客居无俚，著述自娱之写照，实堪借以自况。然久而不废者，乃因聊耽著述，藉解牢愁。头颅若许，岁月若驰，真不禁把酒问天，而欲一吐胸中抑塞也。

培根氏云，读史使人明智。也不尽然。试观今之民国史著述，读之越多，则越易迷惘。盖以真相遮蔽已久，而说民国史者，由痴人说梦转为戏说臆想，痼弊深矣，徒饰虚文，无补实际，尚不知将伊于胡底，是以迷惘不得不然耳。

有读者高明以为，笔者之民国史解读或于解会人事，略有涓埃之助。是则以点滴之发现，均来自于第一手资料。举凡顾墨三、刘经扶、熊天翼、陈辞修……直至胡伯玉、邱雨庵、关雨东、戴海鸥，直至部队下级连排长，回忆访谈，俱穷加搜罗，积于今已斐然可观。其间不啻得原始史料之助，也颇饶幽微处的情绪烟云。然而风流云散，思之腹痛；室迩人远，徒怆我心。

爝火之微，何增乎光耀，而有所弗遗者，吴鸿兄及晓亮君之力促，绪论芳徽，洞烛机宜，谬采虚声，推奖逾份。方使我驽马奋驾，贾其余勇，检索支离之作，于汗漫卷帙中，得闲文四部，曰：谈艺、谈史、谈兵、谈美。近年所作晚清流变、幕僚生涯等，为葆其完整性，暂未收入集中。虽覆瓿之物，然亦曾获看官谬奖。安敢不竭所知，用献野人一得之愚。

2011 年初夏

# 目录

第一章 1

先天的决定——相貌是天然名片——从生物本能到社会行为——相貌信息：精神的原子弹——婴儿也向美貌示好——雌雄的追逐相貌是关键，动物与人——娇态法则——竞争中的美丑生死——美貌是导火线——性力量的再证明——人物脸谱化的可能性——美貌与生命安慰

第二章 17

异性间的牵挂——性爱的形上学：人的本性追求美的异性——肉欲的煎熬：漂亮女人影响历史——曹聚仁笔下：美女遍体香——美女的震撼力——中外古今美人标准点击，面部，三围及长发——冲冠一怒为红颜，陈圆圆，海伦，西施——性与特权——古人之选美——美影小撷——美色可治病吗？——谚语中的美丑辩证——美色与人的天性——美貌内外——美是永恒的喜悦——四大美人——美丑的心理变异

第三章 49

脸谱政治文化，适成笑柄——内心的阴损弥漫外表——专横者的相貌与内心——先天不足的秦皇面相，畸形变态——王莽长相怪异——暴君尼禄他的相貌也是先天不足，他的妻子扮靓有术——萨达姆故作镇定——世界最大杀人犯希特勒长相明显病态——红卫兵的盲从脸貌——美男子的脆弱极限，现代史上的几个人物——曹操形貌不堪之处——太平天国人物群像粗疏粗陋、发育不当——天王诗如其人鄙俚怪诞——疯子的相貌及其造成的历史——疯子玩弄世界：他们的长相，人民为丑陋者陪葬——袁世凯矮胖顽劣为人卑鄙

第四章 75

门神与帝王的异相——异相异事，愚民——旧时选拔人物衡量相貌——五形面相是个筐——麻衣相法的五种基本面形——解析曾国藩的相人术——眼睛，面相，骨相，体型——曾国藩的精彩论述——相人专

家被欺骗——形体各部位乃相貌的外延，头部、高矮、臀部、手指——相由心生——滑稽的角色转变：他人眼中的心理相貌——相貌不能移植——《巴黎圣母院》：相貌与心地，人物外貌的符号作用——民国相书撮要，女人的恶相，淫相，还有善相——忽略相貌观察的悲剧——提请注意：男女相貌与恶性情的勾画

第五章 99

几何学测量相貌标准——雨果心目中的国人形象——鲁迅论中国人的脸——古时候的中国各地人物性情及面貌——专制令人委琐、令人萎缩——相貌与民性：美、日、中——美国人的正大气质——日本军阀的长相是小肚鸡肠，人无正气，花无正香，曲无正调——英雄的气质对照卑贱的民性——年轻的网友认为：孙中山先生是最伟大的“帅哥”——“孙文的气概我没有见过第二个”，大气磅礴——圣者的深邃与明净——相貌与地域人种

第六章 129

现时代的相貌经济学，美貌是一种储备——美是稀缺资源——选美与经济报酬——求职，写真集：相貌推到前台——虚荣心与物质社会——商业性选美和生物需求——婚姻与相貌经济——相貌与婚姻怪态，他为什么选择丑女——诸葛亮与郑孝胥背道而驰——贫寒的美女、经济的魔杖——昂贵的男女遇合——美色与人的天性——红颜薄命，但也不尽然——性政治，奶头与拳头，脸盘与地盘——美人与权力的管道，怪态与常态——美女鉴赏：内涵和外在——艳遇：女性对男人的相貌期待——古代现代的化装术，对容貌的巨大补充——达尔文的论证——化装术与生俱来——化妆与身份，必要与可笑

第七章 167

司马迁的感叹——相貌的特殊性——野合之子出众——苦难中的美攫人心魄——男女对骂是非难定——说脸貌，与人生的关系——文人的相貌——男女相貌的好感和恶感——品味大自然的“相貌”

# 第一章

先天的决定——相貌是天然名片——从生物本能到社会行为——相貌信息：精神的原子弹——婴儿也向美貌示好——雌雄的追逐相貌是关键，动物与人——娇态法则——竞争中的美丑生死——美貌是导火线——性力量的再证明——人物脸谱化的可能性——美貌与生命安慰

*

世上的人，虽然都以人字来统称，但他们的差别，还是大得像人与动物的区别，大得像死人与活人的区别。仅以外貌这到眼即辨的特征来说，那真是千奇百怪的，思之令人惊诧莫名。有的是林黛玉型，像一棵柔弱的灯芯草；有的是吃生猪腿的樊哙型，像一块冥顽不化的生铁；有的长得像肉苁蓉；有的长得像黄鼠狼；有的像犰狳；有的像海蜒；有的像鹧鸪；有的像篾黄；有人生来就是一副怔忪的样子；有人像鳔胶一样腻味；蒲宁笔下的人物嘴巴已到了耳朵边上；王小波的《黄金时代》里面一官宦长得像男性生殖器，楞头楞脑，十分不堪，极为不雅观……有的时代，人们像倭瓜一样，集体失忆兼集体失意；有的时代，人们像注射了兴奋剂，狼奔豕突，跳梁叫嚣，他们的外貌大都呈扭曲状态；有的时代，志士过时有余香，生龙活虎中埋藏着拔箭斫地的深沉伤感。

一代代的人物过去了，一拨一拨的后来者在重复着他们的轨迹——从肉身到灵魂。若说名字是识别一个人的抽象符号，外貌则是识别一个人的形象符号。

相貌决定于遗传，是一种“天生”，由不得个人喜好。正如世上没有两片相同的树叶、指纹，大约也没有完全等同的人脸——双胞胎也有细微差别。这是个有事实存在着的“多元并存格局”，当中包含巨大的“断裂局面”和“分裂现象”。假如将职业、性格、教养、年龄、出身综而观之，则人的相貌对峙的悬殊，仿佛隔着深渊，永无缓和的迹象。性格影响人的判断能力，也影响相貌及外形，因为生理、疾病、心态、人格、行为是一个密切联络的链条。相貌甚至写着人与人之间不平等的起源。历史上的暴君和野心政客，远如秦始皇，近如希特勒，均是为人暴戾奸诈阴沉之辈，外貌怪异扭曲。敢作敢为极有担当的政治家多稳健睿智外貌大气方正之人，像美国第一任总统华盛顿和第三任总统杰弗逊；20 世纪 40 年代，罗斯福总统尤具有大开大阖的手腕，令人领略他第一流政治家的风度。他提拔在野党的人物入阁担任他的陆军部长，执掌国防要政，胸襟是何等的宽大。他们都是人中之龙。而鼠窃狗偷祸民误国之徒，通常都是奴性太深，奸诈阴损、优柔寡断者，其神色苦恼低落，游移不定，乃鸡鸣狗盗沐猴而冠之相。因此各种脸相，都不仅仅是一种识别符号，而更是一种性格符号，有令人起敬、伤感、笑骂、悲痛的各种情绪。民国初年，那些傲骨嶙峋的铁血书生，爱诵“十有九输天下事，百无一可眼中人”之句，对恶劣政治下的人群，就是连其相貌，也很没有好感的。

人的相貌原有一定格局。此即所谓生命形成的保真性，受精卵收到生长指令后，即开始分裂，引发复杂的生命形成过程。人的相貌样子取决于上一代的基因，但也可能会有变异发生，胚胎不是在真空中发育的，所以它受制于周围的环境。倘若胚胎失去了必要的营养，或受到毒品、酒精、烟草的危害，则胎儿的面容及身体都大受影响，发生病变，失却保真性。美国科学家曾经实验，当人生气时，其所呼吸的液体浑浊；此时的分泌物甚至可以毒死一只老鼠。科学家因此得出结论：人很大程度上不是老死的，而是被气死的。心理的畸变的外化即是相貌。外貌与心理有如树木的年轮与树龄。相貌乃先天决定，但在后天却有着甚至是本质的变化，谚云："不要生气，生气会变丑。"美国总统林肯的好友曾向其荐人任职，林肯拒之。对方说："怎么能以相貌判别高下好坏呢？"林肯答曰："四十岁以后每个人得对自己的相貌负责。"从这里可以看出相貌与心理的重大联系，心术不正或者心有旁骛者其信息隐约地写在他的脸上；也即是说，性格与心理对相貌实施"内控"——秘密统治。

外貌仿佛是一张天然名片，提供给陌生人的第一信息。历史上种种一见钟情、黯然销魂的故事，首先即是要过相貌这一关。也就在这一见之下，相貌变成了森严的壁垒，从此变成交流的障碍。这都是在生活中任何时间地点高几率随时发生着的。德国心理学家布理机特曾经做过实验。他说通过观察相貌，试探一个陌生异性，只需要五秒钟，就能够评估出彼此的意愿。他们的愿望是否强烈，或者根本没有什么意向，都可以在这五秒钟内大致明了。一般地说，女人是通过男人的脸，判断他所处的经济地位，以及猜想他的教育程度、他的心理年龄和实际年龄，他是否有修养，等等。至于男人的目光则往往从女人的相貌向下扫视，即已探测到各部位的实际功能。在动物界中的昆虫和禽兽，雄性总是比雌性漂亮和张扬；而在人类中，男人更注重女性的外貌魅力，女人呢，则更在乎男人的社会地位和经济实力。但无论魅力非凡或者其貌不扬，总有一些标准和特征被作为外貌的附加体现，而期待着。世间常见陌生异性接触之初，女人在自己的外貌上总是着墨比较多，而男人则婉转地描述自己的经济地位。这事情和生物学并不矛盾。人类的求爱行为是服务于传宗接代的，其间都有一定的信号程序。女人体貌上的魅力及青春暗示着她的健康状况和生殖能力，因此男人对其外观特别注重。女人则因为要抚养后代，以及能够保障后代安全的因素，所以其关注点超乎相貌之外，这其实并不矛盾。

古往今来艺术家的作为实际上也是在询问：人的魅力来自何方？今天则有科学家加入，试图解答这个由诗人、画家、艺术家们关注的问题。美国心理学家南希·爱特考芙直截了当地说："我们必须先理解美貌，否则将永远受制于它。"

这位心理学家显然深感容貌的重要性，平庸与魅力非凡，其原因往往超出我们平时的认知之外。专家的研究结论出乎我们的意料，譬如一个女孩子的美貌可能不仅是注视者眼中的那种感觉。和饥饿觅食的感觉一样，对美貌的感觉可能也只是一种长期进化而成的、普遍有效的行为驱动的结果，这指的就是优胜劣汰的自然法则。

民间的美女情结，譬如吴地至今有西施湾、西施滨、西施香汗池、西施锦帆泾，食中则有西子臂、西施舌、西施乳等名堂。一个古来的美色妇人，在后人不依不饶的比方中，强栽她头上的祸害误国,也可忽略不计了,可见其普遍顾盼的念头。美貌女子而有才华的，古人一般都将她们捧上天，说她们是天然美玉，现世琼瑶，要为天地珍护至宝；而且以夸张手法出之，证明其合理性，说是天地间的至理和常理。怎见得？他们说:"若是老天不好色,嫦娥怎占广寒宫。"精神生物学家们举证说，漂亮俊俏的男女不仅能获得异性更多的注意，从小会有父母偏心的关爱，走入社会工薪更多，如参选，则选票得来较易，即在法庭上还能得到更多的同情与宽容。虽然古往今来的谚语因为漂亮面孔笨肚肠，但其研究结果证明，比起相貌平庸的同事来，美貌的男女往往更易与人相处，更有能力、更健康、自信，甚至是更聪明。美貌似乎也因此具有某种价值。近年互联网上有公开拍卖漂亮模特儿的卵子者，就是对这种大众心理和价值取向的很好例证。

还是在二十多年前的时候，美国学者朗洛伊斯做论文答辩。她的研究方向是学龄前儿童如何保持友谊。有一位教授建议她考虑孩子们的相貌因素。她感到错愕，为什么呢？她觉得相貌对少年以上的孩子产生影响还说得过去，幼儿也能解此？她很疑惑。论文答辩事后，她却产生好奇心，想得出到底从多大年纪开始，人才能感受得到他人身体和容貌上的吸引力。她后来取得对美貌研究的重大突破。

朗洛伊斯后来任教于得克萨斯大学，她试图从相貌找到突破口。其中一个实验针对幼儿：先准备一套按吸引力大小排列的人的面部照片，然后两个一组，分别是一美一丑，放映给六个月大的婴儿看，以测试他们的反应。“结果直截了当、非常明确。”朗洛伊斯博士说，“婴儿们会长时间地盯着较有吸引力的脸看，而不管这张脸的性别、种族或是年龄。”

朗洛伊斯认为，除非人生来就有某种对相貌美丑的感知，也就是说，在人的意识里，可能实际存在着一张“应该如此”的“标准”的脸，否则就无法解释她的实验结果。

我们何以如此看重事物的外表呢？这是牵涉到进化类型的问题。外表一直是人们明白事理的向导，有时甚至是唯一的向导，让我们得以分辨事物的好坏。水果上的褐色斑点和它褶皱的表皮表明，它已经熟过头了；如果皮还是青的，就说明它尚未成熟。生物学家乔治·奥里安斯相信，人们普遍对风景地区感到有兴趣，是因为它们对人意味着安全和保护。他与朱迪斯·贺华根合作，对画家、花匠、摄影师及其他人进行了一次调查研究，让他们评论哪一种风景最美。结果发现，人们喜欢起伏不平，又有大树、能望见地平线、有小径穿插的地方。盖此种风景给人心提供良好的庇护及安全感。古人认为，人的脸庞预示了人的个性和人格。托尔斯泰就曾经悲叹地说："人们认为美即是善，这是多么令人惊讶的谬见啊！"正如我们将要看到的，善，至少是道德上的善，与美是毫无关系的。

据大洋网讯，在欧美颇有名气的成人杂志《花花公子》曾经借战争作秀，推出了为战地美军送书的"犒劳活动"。在伊拉克战场上的美国大兵只要按照规定与该杂志取得联系，就可以得到有美女模特儿亲笔签名的图片，还可以跟"花花女郎"们通过电子邮件做"网上交流"。此事有点意思，盖家国、民主、自由这些理念是大范畴的概念，而异性的美貌，在自由的价值观念下，人更有它成其为人的地方，所以，女郎的照片对士兵的情感照拂可以起到向导的安养作用。

博物学大家达尔文曾观察到，很多雄类蝴蝶追逐一雌类蝴蝶，这个求偶行动，在人看来，乃极为可厌之事。"我曾屡次察见一雄类或数雄类围绕一雌类，费时甚久，至于眼既倦，不能待其完成。"（马君武译：《人类原始及类择》：商务印书馆，1932 年）达尔文的一位科学家朋友也告诉他，他曾经多次守视，但见一雄类追逐一雌类，历时一刻钟，此雌类竟坚拒之，最后飞落于地，闭束其羽翼，以免其接近。其间，它们大施至刚至柔之术，不在乎喜怒形于色。

蝴蝶何以花如此之大的力气求偶，其实是有前提的和明确的目的的。那就是雄蝶具有难言的鲜艳色泽也即通身美妙的外形。雌类尤为爱好美丽的雄类，最能为彼之装饰所激动。在此，性，这一动物传种的依据，是依着美丽的外形来启动的。蝴蝶甚且能依据颜色发现花朵。雄类也在自然的淘汰中加强其色泽的改进。纷纭的雄类围绕一雌类翩翩起舞，后者就开始选择。因此交合必然委诸机会。如果雌类常时或闲时选中更美丽之雄类，那么，可惊的是，后者之颜色将逐渐增加其鲜明艳丽。

王实甫《西厢记》杂剧第一折有精彩片段，一般演出时把这部分叫“惊艳”：当崔莺莺拈花枝上场的时候，张生喜心翻倒，好像遇到了神仙，心情诸般不能自持。“颠不剌的见了万千，似这般可喜娘儿忒罕曾见。”他乱了方寸，意马心猿，好像中了风魔一般，“魂灵儿飞在半天”。

女人的形象、外表、相貌，等等，激发了他的本能，整个外形，都等诸生殖的符号。“行一步可人怜。解舞腰肢娇又软，千般袅娜，万般旖旎”，佩环声渐行渐远，他还在那里站着“饿眼望将穿馋口涎空咽，空着我透骨髓相思病染，怎当他临去秋波那一转！休道是小生，便是铁石人也意惹情牵”。整个儿一个不依不饶。等到确知崔小姐有了投合的意思，张书生也和雄类蝴蝶同样地“颜色将逐渐增加其鲜明艳丽”。

在动物界，雄类较雌类更为美丽鲜艳，乃因雌类在历代的选择中，着眼于吸引力强大的雄类，且与之配合。动物界中，雄类展示其美，实有其终极目的。雌类实行有意识的审查，唯最美丽最善歌唱或最勇敢的雄类，方能激励之吸引之。锦鸡展示其美丽之第一羽翼，举起它的有眼斑的羽毛，恰合适当位置，使自己得以完全表现。

这种为着交合的配合决非偶然之事。它们的外形乃是其媚惑力的前提，故其装饰的特性还会在自然淘汰中得以改进。雌类的选择等于是一种督促，以引起雄类外形的变更。

人类在根底上也是一种动物。故其女性认为最美好英俊富于吸引力的男性，将较别的男性得偶更易，其所遗留的后裔也更多。但人跟动物的根本区别又终于其具有强大的社会性这一点。在人类中，女性为着吸引男性，乃徐增其美——现代美容术极其发达，有所谓“刀下美人”之称；但人类的女性选择雄类的配合，并不完全依据动物界的通例，反而有完全相反的倾向。因为金钱和权力的介入，男女之间的选择甚至有倒了个儿的情形。那些掌握生活资源、生产资源的男性，虽然备极丑陋龌龊，反而霸占极多的传种机会；而人类的逆淘汰机制也就深入地潜伏在社会运行之中，造成极大破坏和进化的停滞。司马迁在《史记·伯夷列传》中愤懑地感慨，说是善弄权的浑蛋，日杀千人，心理变态，一肚子坏水，心狠手辣，这样的人，往往香火旺盛，子孙满堂，据说有天道和潜在的公道，有吗？司马迁表示极大的怀疑。同理，人类在性的选择上，道理和动物界是没有大的例外。事实是，善良，同情心，美德，谦让，智慧等等，往往也敌不过那些阴损的招数。也因此，人的外形外貌，在人类的起源中，曾经发生决定的作用；而到后来的所谓衰世，外形和相貌殊不足依恃，性的选择造成反常的遗传联想原理。所以人的雌雄淘汰形式和动物界的情形在某种意义上是相反的。

性，是一种动物的本能，与人类动物的生成同时俱在的。所谓“男女之大欲存焉”，是生殖繁衍先天安排。不过兽类的交配期基本上有个季节范围，不是随时随地可以进行；为了保持种族的优良，在交配之前，雄性之间还有一个“优胜劣汰”的竞争过程。人类的交配期早先是不是也固定在某一个季节（一说为春季，一说为夏季），至今没有定论，但是男女之间的“双向选择”和男性之间“优胜劣汰”的体魄竞争则与动物形略异而质地全同。有研究表明，兽类的交配，无一例外地都是雄性在雌性的背后。古人类或古猿人从背后交配发展到面对面交配以后，同一过程中相貌、眼神做最近距离的融会交流，逐渐增加了交配的情趣和快感。所以，美貌与否，关系到感官的刺激与满足,而这又是人类传承的动力之源。这当中,人类与动物，都天生会使用“胡萝卜加大棒”的政策。

达尔文以为，人类祖先还在野蛮的时候，男子为了占有漂亮女人，开始了漫长的竞争。那时候，强力和体格极其重要，当中又要掺杂坚韧的毅力及动脑筋，方有胜券可操。人类和跟一切合群动物一样，较老之牡类为着保护其牝类之故，屡起战争。到了制造、改进武器来猎获动物的时候，人类的观察、理解、发明、想象都大为增进。这类能力慢慢变成了遗传基因。倘若人的体力骨骼相似，其在竞争中胜出的关键，则终于坚韧和智力的优越。达尔文甚至说，天才即忍耐。他以为，忍耐表示有更高的想象力和理解力，而不仅仅是不屈不挠之坚韧。

达尔文相信，譬如雄孔雀装饰极美之羽毛，远胜于雌孔雀，也是因为竞争淘汰过程形成；那么，准此，我们也似乎可以说，雌雄竞争及淘汰的过程，人的先天和后天的面貌变化，也在随机进行：或更具深沉气质，或更憔悴衰朽，或更英挺俊朗，或更市井庸常，或更嗒然若丧，或更歪瓜劣枣……

美国影星温斯莱特素有“肥温”之称，2002 年她为某大杂志拍摄封面时瘦了不少。其间她也有颇多矛盾不解。她说：“据我所知，男人都喜欢有个大屁股对着他，可女人为什么老想瘦呢？”（《三联生活周刊》，2003 年第 7 期）这里有对时尚无可奈何的认可，有对生物本性的看透，有审美独立的企求，也有不由自主的随波逐流——这个波是时尚的波动起伏。

科幻小说《把所有的爱留给你》中外星空间人，也一样有人心底里挥之不去的美女情结：“映现在我眼前的，是一个典型的现代美女；瓜子脸、宽而丰满的嘴唇、挺鼻，高而窈窕；兼具美貌气质的美……我往后挪开了一步。我习惯和别人隔着距离。”这可真是身在太空，心在人间，说得上是“狗熊所见略同”了。

古本小说中的老套开场诗“好色原兼性与情，故令人欲险难平”，也约略说明美色的生物性背景。有时，人生的走向都由这种情欲所左右，意北而北，意南而南。这个念头一动，就是有回天拔山之力，也无法能够牵制他的了。

在很长久的时代，人类把自己视为宇宙的特殊存在，后来放弃了这种虚荣心，晓得不过是一种两脚兽类而已。只是它是各种动物里最为伶俐的，尤其以脑髓显著发达才和别的哺乳动物相区别开来。

在动物中，生殖选择的第一关是关乎人的外貌。人类和别的动物区别之处，也在于他们发展了以性的结合为目的的婚姻制度，这是最绝对的生物学大要之一，即以性欲的满足为目的，而性欲乃是为种类的保存而策动人类意识的冲动。在此，美是功利的成果，而生殖是营养的成果。大自然是无意识的，它促进盲动的行为和结果。

但在这整体的盲动中，动物的淘汰与选择却有尖锐的目的。在活泼的大自然中，种种细微的原因，随处都在发生伟大的作用，弄出许多奇妙的现象。在所有的欲望中，最大的即是夏娃对亚当的那种诱惑。能够搅乱人心的任何热情的势力，没有超过异性相恋爱的感觉迷醉理性的力量。所以，恋爱成了最高尚艺术、音乐诗歌的源泉，是文明最有利的推动。但另一方面恋爱也是祸害的毒焰。说起来，科学家证明，最初，这一切不外乎两个相异的细胞，即精子细胞与卵子细胞选择亲和的结果。人之男女看异性的美，在程度上，也仿佛那超自然的效果，在生殖的底蕴中，像预留的计算机程序一样，蠢蠢欲动，进而萌发衍生。所以，在这方面，人是傀儡般受制约支配的。

在动物的交尾期，那就是发情期。这个时候它们的羽毛、鳞片繁密地增加其色彩，交尾过去方才恢复原状。有的还有表皮的变形物，一为决斗的作用，一为引诱雌性的装饰。在它们看来，这时候，雄性极为美观壮丽。法国近代人类学家鲁妥努曾亲眼观察到，它们以发狂的样子性交，雌的蛤蟆被雄的抱着窒息而死。这位科学家的另一朋友又观测到，它们先以美装诱惑异性，然后雄蛙在交尾之际，有人把它的腿切断，但他还继续干着他的工作。在此，外形外貌的美丽色彩，是与诱惑同步发生的。这方面，它们永远没有“夜行人吹口哨”的虚怯。

香饵之下，必有死鱼。大多数的昆虫中，恋爱与死亡几乎就是同义词。其狂热的态度，首要就是一种叫做“娇态法则”的普遍事实在起作用。一般的种类中，雌性先是拒绝雄者的抚爱，其结果使雄者更加兴奋，愈增其美。在鱼类里面，雄性发展出华美的色彩，围到雌鱼的四周，摆动它的鳍，上蹿下跳，以讨欢心，以做诱惑，尽其所有，表现一时之美。同时，在雄性中，伴随这“娇态法则”，还有“斗争法则”，为其性交机会的取得展开猛烈争斗。愈是高等动物，这两种渴望，愈加强烈，即愈会增加美与力。所以，美的外观之下，我们即可判定，这是雌雄淘汰的影响在发生作用，在发挥潜势；且无论怎样看似平静，其内里却像火上加油一样热烈。此刻大家都在证明“马王爷有三只眼”——了不起。

云雀的雄性的尾巴，在交尾季节，像贵夫人手中的扇子展开又收缩，不但外形华美，连鸣叫的声音也特别悦耳。倘若有别的雄雀来侵袭，它们就会奋起，狂暴地攻击战斗。此时，如果雌性退出场面飞走，战斗即马上停止，一窝蜂地追随雌性飞翔而去。

战斗和身体的美丽增饰，围绕恋爱的目的，偶尔也会纯粹为了夸示其华美，做一种有礼让的表演。这个，就有点像人类中的“为艺术而艺术”了。在这样的时刻，变数中有常数。鸟类展示其美，演出其“娇态法则”。它们中的丑陋者，或色气较差的，就会沉默地退守在旁边，凄清向隅，明显地意识到它自己的羽毛不美。

澳大利亚的掠鸟，对它们自然的生理之美尚不满足，还会借助外部装饰。它们在山地或石隙建造小屋，衔来树叶、羽毛、贝壳加意装饰，那是它们恋爱的演技场。有的还会在小屋周围培养青苔的草茵，旁边放置石子呀坚果呀花草呀等等，造成娱心醒目的景象。此种建筑物可葆几年的坚固。假如以此来衡量劣等的人群，它们的美感，还远远超乎其上呢！

“爱神”论者把爱情归结为超个人情感的爱神，或者归结为“宇宙灵魂”的表现。“自然属性”论者把爱情完全归于人的自然属性。

休谟在《人性论》中将爱情归为“美貌”、“性欲”、“好感”三个方面。这种观点是从人的某些个性特征来解释爱情的本质。他看得很准，聚焦定位具有卓见。恩格斯认为爱情就是“人们彼此间以相互倾慕为基础的关系”。那倾慕的基础是什么呢,还要到休谟的“美貌、性欲、好感”这些论点中去落实。

《史记·扁鹊仓公列传》中，写到某王的侍女韩女，因长期渴望美男而不得，终于病倒，要请名医来医治。但这药方，是不好开的。因为只有一种“药”，其他草药都是虚设。在性爱的审美体验中，物欲（性欲）构成了审美冲动的本源，或说审美冲动激发了物欲（性欲）。人类与动物相近,天生对生命力的色彩和造型的事物发生好感。这样一来，在自然界，所有求偶的动物，都拼命向异性展示健康和青春赋予自己的形态的美貌。其间，那些有残疾拖累因而缺乏外形美感者以及“年老色衰”的动物，就被异性无情地否定、淘汰了——大自然为了保持其自身永久的生命循环，就对手下的某些欠缺或丧失了生命力之美的个体表现出残酷无情。所以，“喜新厌旧”在异性对动物的审美中普遍地、必然地存在着（它证明审美和道德、利害无关）。人类只是出于高尚道德的考虑，才竭力压抑这种自然本性，甚至把它作为不道德来批判。

人的外表的实际被注重的程度有时超乎我们的想象。美国当代女小说家玛丽琳·弗伦奇在《女人的房间》中说：“所有的男人都是强奸犯——他们用他们的眼睛来强奸我们。”这大抵也就是贾宝玉所说的意淫，通常由相貌的种种特征而引发，渐渐不可收拾。

在中世纪的时候，威尼斯驻英国的大使向本国报告英国王后的生活，她的相貌要详细写在文书里头。关于亨利八世的妻子安妮·博林，大使的报告写道“她并不特别漂亮，她皮肤偏黑，脖子长，嘴巴宽，胸部下垂，没有什么特别之处，除了国王为她着迷，可能是她乌黑闪烁的眼睛起了非常重要的作用”。报告相貌相当于一种情报。而西哲说“性格决定命运”。那么，有无可能从面相判断一个人的性格呢？中国的京剧将人物“脸谱”化，意在将典型人物的性格大白于天下，而典型人物又是一般人群的归纳代表，如包公黑脸，表示公正；关公红脸，表示仗义；曹操白脸，表示奸诈。这样，人归类，类型又归于脸谱，则人人都可以从脸谱找到自己性格的依据。人物脸谱化何以具有成立的可能？来自于长期的生活经验的归纳，看不见的抽象的性格必然与形象化的面相相结合落实。中国人还有十二属相之说，意在通过动物折射出人的性格，无论形神，皆有合似之处。所以，我们常以动物喻人。

《悲惨世界》第六章，写主人公的心理活动——他感到在他脑子里燃起了一团炽炭。她居然来救他，多大的喜悦啊！并且她又是怎样望着他的啊！她的相貌，比起他从前见到的显得更加美丽了。她的美是由女性美和天仙美合成的，是要使彼特拉克歌唱、但丁拜倒的完全的美。他好像已在遨游碧空了——在这里，美又是苦难社会中的莫大安慰，以及生命之所以生存下去的意义和底蕴。它像神奇的推手，叫生命燃烧。

# 第二章

异性间的牵挂——性爱的形上学：人的本性追求美的异性——肉欲的煎熬：漂亮女人影响历史——曹聚仁笔下：美女遍体香——美女的震撼力——中外古今美人标准点击，面部，三围及长发——冲冠一怒为红颜，陈圆圆，海伦，西施——性与特权——古人之选美——美影小撷——美色可治病吗？——谚语中的美丑辩证——美色与人的天性——美貌内外——美是永恒的喜悦——四大美人——美丑的心理变异

*

异性之间的牵挂最后总是落实到相貌和外形上面，即使肉身的人已不在世间，也要变着法子把她唤回。其不依不饶，一至于此。其音容笑貌作为实际的内容浮现于脑海，如汉武帝之于李夫人。唐明皇之于杨玉环，更是委托能以精诚至魂魄的临邛道士，把个胖美人唤将回来，“中有一人字太真，雪肤花貌参差是”，他又可以在虚幻的迷醉中，和他那芙蓉如面柳如眉的女友把臂一回了。汉武帝想念李夫人，艺人就做出皮影戏来满足他返魂的期求。也真难为了当时的“电影大师”们——皮影戏影子动来动去，以此剪影和侧影想象真人面目，说是她的魂魄借此回来了。汉武帝那个感动啊，问道：“是耶？非耶？何其姗姗来迟！”就凭这，引出姗姗来迟的成语来。

追求美貌的异性，似乎是人的本性。所以，年轻、貌美者就显得常有些“众星捧月”。虽然不能将美貌降到待价而沽的地步，但竞争所带来的水涨船高之势，使竞争者常常不得不为获得美而更多地付出精力与财力。在任何一种文化背景中，美貌都是一种财富，是一种不可低估的资本；尽管它是一种具有“流动性”的资本，为期有限，因岁月推移而消逝。张学良少帅的打油诗做得好，他说：“自古英雄都好色，若不好色非英雄。我虽不是英雄汉，我也好色若英雄。”所以，马君武说他“赵四风流朱武狂，翩翩胡蝶最当行。美人窝是英雄冢，哪管东师入沈阳”，倒不冤他。俗语说：“英雄难过美人关。”此语虽不免俚俗，却是弗洛伊德心理学的重心所在。

对美貌的占有欲不分上智下愚，都是蠢蠢欲动。清代私刻本小说《豆棚闲话》，写一个士大夫到西施的故乡游览，有希望找到一个像西施一样的女子，沾染一些西子的风味回去；不想村里走出一乡老来，一席话打击他的积极性：“你道西子是个国色天香？当初乃是敝地一个老大嫁不出门的滞货，偶然成了虚名。若果然绝色奇姿，怎么肯送到你下路受用。”这话让士大夫讨个没趣，西施居然成了“滞货”，亏这老头子说得出口，也见出野老的阴暗心理，一通乱说，期得精神胜利。

肉欲的煎熬甚至扭曲了叔本华的脸形，不过也强化了他思想的悲凉深刻。在《性爱的形上学》中，他以为人的本质存在于种族中。关于所谓爱情，他认为是一种牺牲品——是被种族绵延所支配的肉欲的牺牲品。人生不外由穷困匮乏和无尽的欲求所组成，那为什么在不幸的人生中还持久地看到情侣们彼此思慕的目光呢？为什么他们的眼色总是那么隐秘，并且偷偷摸摸的呢？“这是因为他们原是叛徒，他们使即将结束的穷困悲惨又故意地延续下去，他们仍然沿袭祖先的做法，又揭开了人生的另一场戏幕。”

中国早期文学《诗经》写男女的思念，说是仿佛早上饿了想吃饭一样。钱锺书先生说以饮食比喻男女，好像巴尔扎克用爱情与饥饿相比较同一轨辙。曹植《洛神赋》说：“华容婀娜，令我忘餐。”沈约《六忆诗》说：“相看常不足，相见乃忘饥。”更直露的是已成成语的秀色可餐，小说中露骨的表白：“恨不得一口水吞了他。”转而言之，等于说美貌是一种精神的正餐。此精神的粮食带来种种好处，犹如肉体的维他命。亚瑟王传奇中的《格哈勒圆桌》说其中一美女，容貌和谐无与伦比，额头洁净匀称，眼睛生动，眼神可以穿透五个埃居的厚度。鼻子细而直，牙齿洁白仿佛有银白色的光芒。她非凡的胸部比白雪或水晶都明亮，整体气色香而丽。这位少女如此出众，“任何男人若被她白雪般的手臂拥抱，必可忘却所有苦恼。”美，动力，苦恼，诗歌，战争……都笼罩在生殖错综复杂的大网之中，在那里推拉摇移、错位吻合，所以，美不但是生命力的对象，也是生命力蠢动的表征。同时，美也有大恶，《左传·襄公二十一年》“吾闻之，甚美必有甚恶。”但其生理的前提是，“祸不好不能为祸”，清河王绍母“美而丽”，“太祖见而悦之”（《魏书 · 道武七王传》）虽有隐患，也在所不辞。即是其原因根植于人性的生理构造的深处，大家像傀儡一样跟着美这一指挥棒转个不停。自然，这一切都是有前提的，设若对方是嫫母、无盐、孟光以及诸葛亮太太阿承丑女，或者是“贼配军满脸饿文”（《水浒》），在一般的世道中，那恐怕是避之唯恐不及了。

崔因《七依》，写美女的作用和震撼力，夸饰到极点，但不能不承认他所说有道理。他认为，绝世的美人一“出场”，大家就会情不自禁地“懵场”；甚至，孔子也会跌倒在阿谷，柳下惠琢磨着再婚重来，老子（聃）躁动得再也不坚持他的虚静学说了，扬雄的玄静理论也跑得无影无踪了。大家都色授魂与，不可抑止。

曹聚仁《补谈海派》一文中，说是20世纪初上海刚刚发达为洋场的时候，各处会聚了很多的才子。他们多愁多病，把张园当做了大观园，把市场上婊子们当做了“十二金钗”。

这事我们可以悬想一下：就是那时候的众才子，对美貌的企求，膨胀到无以复加的地步，但现实中，大家闺秀和上层社会的美女又难以染指，所以，他们就退后一步着想，把婊子拿来凑数。但是问题也就在这里，为什么不把婊子直接当婊子使用呢？何以非要将她们贴上“十二金钗”的标签不可呢？这就是美貌的企求，原始积累似的沉积于他们的心底，这时候，慰情聊胜于无，就靠想象来半真半假地过日子了。但是想象毕竟当不得真，他们想象中的佳人并非为了爱他们的才华才做婊子的，她们做婊子，要的是黄金物——钱。才子们从云端里跌落下来，也就不做他想，把“十二金钗”的念头拉下，想出种种制约婊子的方法，不但不上当，还捎带占便宜，于是，他们渐渐地又兼有流氓的身份。这也是那时的作家为什么有些人是才子加流氓的原因了。

曹先生另一文章《有趣的例子》中谈到，他在上海的一次经历。他和友人到某某舞厅逍遥，老板带一位小姐给他，当下里，他就震惊到发呆了。从此就不断地如痴如醉地去相会。友人问他是不是一见钟情，他说：“这位小姐，恰是我初恋爱人的模样，身体分泌出一种香气。跟我初恋爱人的身香，完全一样。我坐在她的身边，或是紧紧抱着跳舞，旧梦一一浮现起来……”这是“因果的力”？是前世的缘？其实就是建立在生物学基础上的美貌的吸引力。这种吸引力在他们身上，十分地合榫接卯，于是迷醉到难以自持了。

法国的谚语说，唯有味道与颜色无可争辩。这两样东西，食物的味道和衣服的颜色，乃是随个人的喜好而定，没有一定的美恶标准。山珍海味，并不都比萝卜白菜倨傲。而相貌就不一样，嫫母、无盐、阿承丑女等人，只有诸葛亮等人，或者别有隐情别有心思的人，才堪消受接纳。他们敢于牺牲审美的愿望，牺牲心与眼的诉求，真有点杀身以成仁的意思。普通人，就大致情形而言，都要敬谢不敏的。

迷醉于美或霸占美貌的行为，涉及利用权势伤害别人或影响公众权益，就会对历史产生直接的影响。旧时的士，纳妾者众；至于天子，后宫佳丽动辄数千，粉白黛绿，钩心斗角，争妍取怜。桀因妹喜身死，商纣以妲己国亡，周幽王以褒姒而殒命；齐庄公的导致政变；吕不韦权力旁移，汉成帝因飞燕杀身……政治人物大权在握，均与美女有关，真是牵一发而动全身，往往就改变了历史的流向。他们个人的败亡不要紧，但是，兴，百姓苦;亡，百姓苦。百姓何辜?众生生命全然受制于他们的私欲之害，也可叹也。

记得将近三十年前，笔者上《红楼梦》选修课的时候，老师在上面大煽其情，分析黛玉、宝钗、湘云等人的美貌及性情气质，底下学生都在那里做想象中的怡红公子：有的喜欢黛玉，厌恶宝钗；有的则喜欢湘云，厌恶另两人；有的又相反……在这方面，人是因了性格血型的不同,真是千人千面,个人的心中自有各自的哈姆雷特。

钱锺书先生《管锥编》(第 92 页)引《诗经》的“螓首蛾眉，巧笑倩兮，美目盼兮”，这是说眉目之间及眉目以上的额头部分，广扬而颜角丰满。阿拉伯、西班牙等地的古人也是这般的审美观。到了《楚辞》中，色泽的印象就多过了《诗经》。除了雪肤玉肌之外，对桃颊樱唇,更多注重,“媒人既醉,朱颜酡些”(《招魂》)。色彩烘托，越来越鲜明了。古代欧洲的美女标准与此有神似之处，特别强调青春之美。在青春的前途下，美女应有金色的卷曲之鬈发，百合一样的面色扩展至颈项及双手，双颊有淘气的酒窝和微红的唇吻相映照，额头则宽阔、高平光亮，眉毛呈拱形，好像是幻觉之物。至于眼睛则深邃带笑，闪烁一种不靠他种色泽而自然呈现柠檬汁的光辉。这些是法国中古诗人维永及厄斯塔什等人作品中透露出来的信息。

达尔文以为，就人类而言，其心理中似乎没有一个普遍的美的标准。嗜好及审美的口味不会遗传，而且每一人种又各有其美人美物的理想标准。至于对丑恶的认识，则以为他们和下等动物的构造相近。总的说来，每一民族都偏好习惯习见之物。对于美人或异性的美，总的倾向于椭圆面庞，端正合格的容貌，还有色彩亮艳者——这是欧洲人的审美习尚。有的民族，可就对于阔面、高颧骨、低鼻子和黑色皮肤者，极为称道。

各种特性在不同生活经历的民族产生美的差异，至各行其是。“各种特性皆可发达为美”。达尔文的一位朋友是解剖学名家，他的意思是，假如无论任何人都依照同样的模型铸造，则将无美可言。假如所有妇人都美到统一程度，则人们在短时间内固然喜不自胜，但不久就会百般思变；因人的审美心理，乃是喜新厌旧，更不愿意整齐划一。

古代的美女品评，多集中在相貌的观察上，那时的衣装也较为遮盖严密；今天的时代，若论女性美，均离不开“三围”，即是从相貌延伸到体貌。

胸围：古代中国人对女性的胸围要求不高，对高乳女性也颇不以为然。古人所欣赏的女性乳房是所谓丁香乳。

腰围：公元前6世纪的楚灵王偏爱细腰女子；与楚襄王同时的楚人宋玉，在其《登徒子好色赋》中，对那位漂亮的“东家之子”也有“腰如束素”的描写，笔触里头透着偏爱。

臀围：它的丰满与否，成为古代中国美女的要件之一。其原因，中国人认为臀部浑圆的女人会多生孩子。在“不孝有三，无后为大”的古代农业社会里，肥臀自有其重要性。

除身材和三围外，容貌也成为美女的重要条件。古代中国美女的容貌，究竟是以什么做标准呢？

宋代署名太平老人者，著有《袖中锦》那样一本小书，其中说到“京妇美陋”。因在当时，有好几样天下第一的好东西，像洛阳花、建州茶、端州砚呀，江阴河豚、高丽秘色呀等等，而京师妇人也就和这些名特优新土产一样并列。当时的人很在意这一点，大约是他们审美的寄托吧。他们把京师妇人中美丽的叫做“搭子”，相貌丑陋的叫做“七”。为什么呢？搭子者，女旁边有一子字；七者，谓其不成妇女也。其悬殊有如此之大。

宋代人又有二妙之说，乃是说天下有两样美妙的东西：“苏州儿，越州女。”（《袖中锦》）具体如何的情味，没有明说；但稍往前推，唐代大诗人杜甫有诗说：“越女天下白，鉴湖五月凉。”可见皮肤白皙，乃是一个关键。古代俗话说“一白掩百丑”。

中国汉代以前，人们对女性只注重面部形象，到了魏晋，才开始着重于装饰。魏文帝喜欢打扮华丽并将头发绾成蝉翼形的妃子。唐朝是开放社会，容许袒胸露臂，崇尚的女性体态美是额宽、脸圆、体胖。

唐朝以后没有定论。宋朝以后，大致是以观音菩萨的本貌作为女性美的高标准。各个时代所雕塑绘画的观音菩萨，就是当时审美标准的具体说明。

在西方，希腊人的审美标准是：面容各部分的比例必须匀称。

他们把人的整个脸部分为三个部分：从发际到眼睛，从眼睛到上嘴唇以及从上嘴唇到下巴，一张美丽的面容其长和宽之比例是三比二。希腊人所喜欢的嘴唇，近似今人所推崇的那种模式：颜色泛着春天般的红色，下唇稍比上唇丰满。

西欧人重视女性臀部，以“丰臀”为美。这起源于对繁衍生育的要求。这种审美观，与中国人不谋而合。

文艺复兴时期，意大利画家达·芬奇和拉斐尔等笔下的女人带有某种严肃的美。达·芬奇的《蒙娜丽莎》发出的神秘微笑，观者为之倾倒。她除了柔荑般的手外，还有母性般的温柔。

当 17 世纪之际，佛兰德斯画家鲁本斯所画的妇女，在当今是不会被当做“美”的典型的——她们苍白的脸上略带粉红色，面颊和下巴都很丰满。她们的身体亦然：大腿浑圆结实，胸部隆起。因为当时的美女标准是面颊柔滑，呈粉红色，另外还要像小孩子的面颊一样有所凹凸，若长着双下巴……那是再理想不过了。红头发算是最时髦的，另外还要求大眼睛、小耳朵以及牙齿外露。

第一次世界大战的前一段时间，圆胖的脸和婀娜多姿的身段，乃是时尚的人体特征。纽约的影星莉莲拉塞尔就是这样美的典范。与此同时，英国女演员莉莉兰特里的长相也令公众为之倾倒。她肌肉丰满，个子高挑，但鼻子和嘴唇都特别大，这在美国人看来，就并不十分漂亮。

20 世纪 20 年代，美国影星玛莉莲·梦露那副迷人的并带有孩子般调皮的神情，在人们心中经久不衰，以至当今各种年龄的女性都以她为美容的样板。如今，人们认同“健康即美”的观点。

《圣经·多哥林前书》，说是女人有长头发，乃是她们的荣耀。为什么呢？据说，这头发是给她做盖头的。至中世纪，欧洲风俗相信以长发为美。英国清教政论家威廉姆《史鉴》中明确说，短发女子简直不堪目睹，甚而有如洪水猛兽；社会风俗则把街头抛头露面的短发女子视为天方奇谈。显然，这里是在凸显出贞操的观念，贞操的观念往往靠外表的符号来维护和证明。直到现代作家海明威那里，他还说，女人披长发，意味着她的婚姻生活尚称美满；若剪了短发，就表示她还不满足。头发在这里，乃是传达心理信息的密码。名作家董桥相信，长发的好处，是让人想到水，想到瀑布，想到风想到云，还有，很关键的一点，是叫人想到枕头。他更发挥说，女人用手去把玩垂在胸口的辫子，是很有小桥流水的韵味；但是，女人用手去招一下散在脸上散在胸前的长发，就显得很野，显得有点“热”！可见长发确有妙用，奇思妙想不特理不清，还更剪不断呢。除此以外，长发也还有作用：如果一个女人不美丽，长发就作为了总预备队来应接；因为人们常常对长相欠佳者说，你有可爱的双眸和秀丽的长发。

端庄的相貌较有普遍性普适性，它不但适合于妇女，也同样适合于男人。一般来说，端庄的相貌蕴涵多量的美德品质。

邓肯《我的一生》中，她坚信作为一个工薪阶层的女工，只要牺牲力气，健康去生育小孩，最后离婚时小孩要为男人所有，那她就永不生养小孩。但更有趣味的是，据说，她与萧伯纳开玩笑说，假如他们生养一个小孩，此小孩必有他的智力和她的美貌，多么的圆满呀。哪知道萧伯纳说，要是这个小孩具有我的丑陋和你的智力，岂不糟糕，暗示邓美女智商欠高。

清初大诗人吴梅村（吴伟业）那首闻名古今的《圆圆曲》中有这么一句："恸哭六军皆缟素，冲冠一怒为红颜。"红颜即指明末一代佳丽才女陈圆圆。陈圆圆原名陈沅，苏州人，天生丽质，又晓得书画、声律，"色艺擅一时"，以绝代佳人蜚声江南，是当年"秦淮八艳"中的翘楚，也是苏州玉峰昆腔班的台柱，有"声甲天下之声，色甲天下之色"的美誉。明末宁东总兵吴三桂得而宠之。诗人记下了豪强的贪婪，也记下了斗争的残酷。这首长诗，可以和唐代白居易的《长恨歌》媲美，描绘的都是美女在政治军事中的作用与命运。

1616年，努尔哈赤在统一女真各部之后，建立后金政权，与明廷顶抗。1618年，明抚顺守将李永芳不战而降。次年，明廷集全国数十万大军，兵分四路，企图一举围歼，不料被反制，沈阳、辽阳先后失陷。皇太极继位后，改"金"为"清"，建立清朝。摄政王多尔衮驱大军进关。清军过辽河时，方知李自成的农民军已稍早攻占北京，明朝已亡。

在清军与农民军对决之际，山海关守将吴三桂向满人借兵，他们联手与农民军在山海关展开了一场大战。

吴三桂十万人的大军，在山海关防御清军的入侵。但李自成军进京后，其部将刘宗敏动物根性膨胀，掠走了大美女陈圆圆。吴三桂于是"恸哭六军皆缟素，冲冠一怒为红颜"，反过来依托清军共击李自成。他为之"冲冠一怒"的陈圆圆也历经劫难回到了他的怀抱，并随他南北辗转。山海关的东大门洞开，清军汹涌而入。后来吴三桂的势力坐大，坐镇云南，即在昆明大兴土木于翠湖、莲花池等处，与陈圆圆共赏风花雪月。“吴三桂筑野园于滇池北，以处圆圆，穷极土木，毁人庐墓无数，以拓其地”（王思训 :《野园歌》)。他对美人如此不能忘情，但他的动物性不久也就暴露无遗。此后，吴三桂广纳美女入府，陈圆圆退而念佛养心。清军击败吴三桂军攻入昆明时，陈圆圆自沉莲花池，一代佳丽“香销玉殒”。莲花池畔至今还存陈圆圆的梳妆台。当然，关于她的下落，还有其他的说法，如“云南说”、“苏州说”、“上海说”，等等。1983 年贵州岑巩县有人提出陈圆圆葬于古思州治地（今为黔东南苗族侗族自治州所辖），岑巩县水尾镇马家寨的狮形山山麓的“岑巩说”，又称“思州说”。这样一来，美女的晚年及魂归之处更加显得扑朔迷离了。

“家本姑苏浣花里”的陈圆圆，“前身合是采莲人，门前一片横塘水”（陆次云 :《圆圆传》)，美目巧笑，且擅歌舞，故豆蔻年华就转手于皇亲权贵间，初为田畹所得，后归吴三桂。及李自成破京师，又落到其部将刘宗敏之手（又说为李自成），遂使手握重兵的三桂自然“气炸了肺”，于是“冲冠一怒为红颜”，开关降清，加速了明亡。清朝二百六十余年的江山，如此之大的历史巨变，与这位绝色佳人就有这样大的关系。吴三桂所下的决心，所不管不顾，破釜沉舟以求一逞的种种作为，和她的美貌，实在是一个物体的两面，或互为表里。动物性的美的迷醉，一般被认为是个人私事、生活小事，儿女情长，只是“生活细节”。但政治纷争、朝代更迭，以及整个国家的命运多因这些不那么被注意的“细节”所左右而改变流向，变得面目全非，变得和大人物的预测大不相同。

当吴三桂镇守山海关时，侦探报云其父为刘宗敏所羁，吴三桂泰然处之；又探马来报 :“夫人（指陈圆圆）为刘宗敏所执！”吴三桂乃怒发冲冠，拔剑击案，于是兴兵剿闯。从吴三桂以上的动作可见其性爱的力量之在，抄家余事耳，父亲被俘也余事耳，美人落入敌手，就马上改变了政治和军事的走向，随之也改变了国家的命运。这正是吴梅村的《圆圆曲》中所说："恸哭六军皆缟素，冲冠一怒为红颜。"诗人咏西施说："贱日岂殊众，贵来方悟稀。当时浣纱伴，莫得同车归。"西施去吴，身价大不同，昔年的浣纱女伴只有对之另眼看待了。俞平伯说近古的陈圆圆其地位的变化亦犹古时的西施。这在吴梅村《圆圆曲》中写得很清楚。倾国倾城的美女引发历史大动荡，不只是一姓的兴亡问题，而是至于以夷变夏，千秋殷鉴，也是衰盛的关键所在。俞先生为此发出沉痛的兴亡感慨。

1961年美国某娱乐杂志评论索菲亚·罗兰，说她"半是女神，半是小妖，全是女人"。你看外国的文人想象力多么的丰厚啊，这几句话说得多么有神采啊！陈圆圆对不少的人来说，也就是女神、小妖加全部的女人啊，她能不颠倒众生吗？假如说李自成等人会搞统战，不但把圆圆还给吴总兵，还把她伺候得好好的，毕竟吴先生先到嘛！天下又不是只有圆圆一个美女嘛，那么历史都可能是另外一种走向。可是李闯王和他的手下，不懂事，眼皮浅，初步掌权，全当做一服壮阳药；胡作非为，小不忍，则乱大谋——只想满足自己的下半身，结果死无葬身之地。

《伊利亚特》是关于依利昂（即特洛亚）战争的史诗。公元前21世纪末在希腊半岛南部的阿凯亚人和小亚细亚北部的特洛伊之间发生一场战争，为时十年。传说战争起源如是：在斯巴达国王墨涅拉斯举行的宴会上，特洛亚王子帕里斯爱上了主人的妻子：绝色的海伦。海伦随帕里斯私奔，并卷走财宝，激起了希腊人的愤怒。他们推举墨涅拉斯的哥哥阿伽门农为首领，组成希腊军，远征特洛伊城，誓师惩罚。战争惨烈，特洛伊城被围困十年才被攻破。战后，在小亚细亚一带便流传歌颂此役中氏族首领事迹的短歌。其间，英雄传说又同神话故事交织在一起，先在民间传开，然后代代相传。大约在公元前 8 世纪，天才的盲诗人荷马对民间传说和短歌进行加工整理，形成情节完整风格统一的两部史诗《伊利昂纪》和《奥德修纪》。

历史上女性与政治发生联系，多半与其美貌有关。吕后、武则天、慈禧太后、宋氏姐妹、江青等，这是一类，另一类较为被动，如妲己、褒姒、杨贵妃、貂蝉、陈圆圆等，都与历史进程动荡紧密相连。商朝的灭亡是因为殷纣王宠爱妲己，过着荒淫奢侈的生活，“酒池肉林”故事就是由此得来。周幽王为了博得爱妃褒姒一笑，竟屡燃烽火戏弄诸侯，结果国亡身死。武大郎玩夜猫，什么人玩什么鸟。褒姒美丽的外表之下，也和周幽王有等量的推让。唐朝安禄山造反，杨贵妃就因为貌美，就因为皇帝“三千宠爱在一身”，就成为政治牺牲品。她的堂兄杨国忠先被乱兵杀死，然后兵众坚执杀死杨贵妃，否则就不护驾。最后杨贵妃自缢而死，其间隐约有动物界雌雄在春天骚动的气息。通常她们被视为红颜祸水。祸水的含义，是将国家政治上发生的动乱，推到她们的头上。或者女人直接参政；或者女人靠姿色迷惑君王，共同在酒池肉林中过着糜烂生活，“国家大事管他娘”；或者政客以女色作为武器，瓦解敌方的首领。纵观历史，所有的政治大事件都和女人尤其是美女有关，小到一个家庭的衰落，大到一个国家，一个政府，或者一个大人物，其灭亡、垮台或崩溃，总是和女性有关。

这些事件里面，都有一个美女做主角，她们并不一定是什么政治家、野心家，而往往只是一个玩物、一种工具。她们被某个左右历史发展人物所占有、所眷恋，在某种特定的情况下引起矛盾、争夺与斗争，从而影响了历史进程，对政治的爆破力超过人们预期。这些女子，不自觉地卷进了政治斗争和军事斗争的旋涡，“倾国倾城”之貌也真的起到了倾国倾城的作用。临了，她们自身也成为政争暗潮的牺牲品。

即以中国古代著名的“四大美女”来说，西施实际上是越王勾践送往吴国的一个色情间谍。她迷住吴王夫差，使他沉湎在温柔乡中，不理朝政，又离间夫差和伍子胥的关系，“从内部攻破城堡”。以后，勾践就命她“侍寝”，最后不得不和范蠡一起逃往江湖。貂蝉也是个色情间谍，王允派她去离间董卓和吕布的关系，最后剪除了大奸臣董卓，保卫了刘汉天下。可是功成以后，貂蝉却被诬为“祸水”。

说到性权与特权，在自然界，性交配权就是有等级的。战斗力最强大者获取优先交配权。失败者向隅而哭泣，或另作他图。大自然这繁殖等级设计，是为了物种优生。胜者优先，败者受限。性权力的优先持有者，一定是该物种中具有最佳遗传基因者，由它交配传宗接代，后代肌体优异，以求青出于蓝。因此，在猴群的性权力前，是不能也不会“猴猴平等”的。在原始部落里的对膂力超众者的“英雄崇拜”，使英雄获得更多的交配权，也还有优生的意义。然而到了世袭王权时代，就失却了优生的意义了，因为皇亲国戚并不一定具有人种中的健康遗传基因，反而可能疾病缠身，肌体羸弱，相貌畸形。统一六国的奸雄秦始皇，将六国国王的宫妃掳去共处阿房宫。他持有近万名美女的交配权，可是他的基因极差——《史记》中记载他患有羊痫风、骨骼畸形（鸡胸）等严重疾病。在王权时代，性权力已经转换为政治蛮力的标志了。

李延年的《佳人歌》里,那位绝世而独立的北方佳人,其不可言、不可说之神貌已在“一顾倾人城，再顾倾人国”里一语道尽，带给读者的震撼与遐思相当剧烈。“倾国倾城”极言女性之美，但其中着实蕴涵了一种毁灭性的暗示——女人越美，所形成的骚动越大。

白居易描述杨贵妃“汉皇重色思倾国”，吴梅村写陈圆圆“尝闻倾国与倾城”，而杨、陈二人与李延年《佳人歌》中的李夫人不同之处是她们的美貌应验了“倾国倾城”四个字。因为杨贵妃的美色，使得唐玄宗“从此君王不早朝”；所以当安史之乱发生，“宛转蛾眉马前死”。字面来看是她的美丽所招致的祸殃，但这祸殃的源头真的是一个女子的“天生丽质难自弃”吗？《长恨歌》的首句——“汉皇重色思倾国”——男人本身的蠢蠢欲动才是这一切的根源。话语权在短视的男人手中，女人就被迫更多的担待。在诗人笔下，我们对红颜的认识仅止于“红颜”，而无法触及她的生命与内心。

在中世纪的欧洲，封建主和贵族享有农奴新娘的新婚第一夜性交权，史称“初夜权”。动物性结合与专制世袭制政体有关。皇帝占有的女人愈多，生子的几率愈大，以保证“龙脉”不断。

当王权制被摧毁代之以民选总统后，总统必须遵守一夫一妻制了,不但不再享有性特权,而且比一般民众受限制更大。经过一场“性革命”之后，普通人若有婚外恋，纯属个人隐私，任何人无权干涉。可是一位美国总统竞选人，若有婚外恋被揭发出来，连竞选资格都没有。在位总统若发生非婚性行为，会作为一宗大丑闻被揭露出来，使其不得不辞职。在民主制下，最高统治者不再拥有性特权，甚至比平民的性自由更少。动物性的丛林法则在制度的约束下得以收敛。

古人之选美，由来已久，颇值一说。美的力量不可抗拒，除非是野心家和道学先生。两个世纪前法国暴君路易十五把政治犯身体浇上滚烫的铅水，秦始皇焚书坑儒，随着烈焰，美也就毁灭了。因为美把人心带到他们遥控不了的地方。这两种人是美的大敌。

很长一个时期，美被看做是资产阶级的产物，选美也就是其生活方式了。然而，很多地方的选美已经是一种商业化的民俗活动，远的不说，东方明珠香港，年年都要选亚姐、港姐。其实此事由来其远，古人的选美，浪漫而富于情味，使人每每起一种悠远的怀想，觉得古代实在是迷人。

晚清小说名作《花月痕》对古代的选美有很详尽的描写。程序是，先由巨室豪门作品花会，聘请文人词客，遴选姿容，较量技艺，最后由文人于每人名下各作一传，排定名次，然后放榜。其中最重要的是较量技艺这一条，《花月痕》中“十花品第”之第一名刘秋良便有江南顾横波、李香君的风韵。她的传中说，“年十八岁，秋波流慧，弱态生姿。工昆曲，尤善为宛转凄楚之音。其志趣与境遇，有难言者矣”。小传颇不容忽视，不但勾画了她的外形，而且颇有身世之感。点明她工于昆曲，说明她的文学修养很高，因为昆曲是所有戏曲品种中最雅致的一种文学样式。那时时兴飞觞做诗。一次酒会上，这刘秋痕咏芙蓉：“恨匆匆萍踪浪影，风剪了玉芙蓉。”以梅花为令，她做的是：“向回廊月下，闲嗅着小梅花。”可见她才气之一斑。古代选美，文学修养恐怕是最紧要的一条衡量标准，仅仅漂亮，是上不得《芳谱》的。她们的知识好像宝石，而其文化气息则有如宝石放射的光泽，别有一番情味。现代选美，则更推重礼仪风度；书香之气，大抵已经风流云散，文学修养，已只是一种往昔情怀了。《羊城晚报》1992年11月3日载,广州第三届“美在花城”小姐竞选，前五名佳丽竟无一人知道孙中山是广东人，这真是无可奈何的事。

美是心灵自由的象征。波德莱尔给美下定义，甚至具体到可以捉摸的可见形状的对象上，“例如具有意思的东西——一个女人的面容,或一个迷人的女人头颅,它暗示着一种热忱,一种生活的愿望”(见《西方文论选》)。一个人，倘若还有审美能力，精神就不至于枯寂；但是就像唐诗在盛唐有豪纵任侠之气，到了晚唐，就不免蒙络衰飒的征兆一样，审美的尺度就在古代，也是在渐变着。曹雪芹深所寄意的美人林黛玉，是“态生两靥之愁，娇袭一身之病。泪光点点，娇喘微微”。刘秋痕也是“弱态生姿”。《花月痕》之《芳谱》第二名是“妍若无骨”，第三名是“肌肤莹洁，善病工愁”！其实在更古的时候，人们的心情似乎要好一些，审美的尺度要宽泛些。《诗经》中的美人是“手如柔荑，肤如凝脂，领如蝤蛴，齿如瓠犀，螓首蛾眉。巧笑倩兮，美目盼兮”。或者“有美一人，硕大且卷”，卷是好貌的意思，透露的气象很健康，很轻松。螓首是额头广而方。钱锺书先生说“异域选色，亦尚广颡。”《楚辞》屡屡写美人的“朱颜”；唐宋士女画皆面容丰腴，体格富态。明代作家徐渭《眼儿媚》云：“粉肥雪重，燕赵秦娥”，明白表明另一种审美态度。明清盛行的选美实际受着文人清客的操纵。他们的审美趣味，往往代表当时的士大夫的审美嗜尚。其尺度，又受时代、经历、素养、心情种种因素的影响。审美眼光出现差异本不足怪，每一种美都有其存在的价值，即使是林黛玉吧,鲁迅先生对她就“有一种异样的同情”(《鲁迅全集》,卷七,第 113 页)。欢悦固然也是美的特质，忧郁却要持久一些，这在日常生活中就有明证。

古代的选美已是陈年旧曲了，而真正的美，往往只在画境书香中；像曹子建心目中的洛神，陶渊明《闲情赋》中的意中人，那简直带一点宗教情绪了。说来堪惊，在漫漶的墨迹里，竟还见出古典中的今情。那似乎是一种精神的灵药了。

美影小撷。照相机、电影、电视的出现以前，落实在各类书籍中的美人形象，有多少？即非恒河沙数，怕也如繁星闪烁罢。而且，照相机、影视出现以后，人生的各个阶段，都在他人的注视观照当中。在这样的时分，人会衰老，会“林花谢了春红，太匆匆”。而在此前由文学定型的美人，反而可以风姿绝代，生机无限蔓延，若“黄四娘家花满溪”，奇花照眼，招摇千秋。寿阳公主冷艳若梅，杨贵妃娇艳如桃，色可倾城的妲己，明目皓齿的王昭君，更有曹子建心中的洛神宓妃，陶渊明《闲情赋》中未出场而情已倾的那个 heart person( 心上人)，以及叫人卸担歇肩不能自已的罗敷小姐，四大美人，十二金钗，几多花神……还有契诃夫笔下云烟氤氲般、能使空气别有一番重量的俄罗斯美人……风致嫣然，如雨后佳花，迎人而笑。不知迷醉有史以来几多生灵，也不知引发了历代文士多少笔墨！

文学的家园是美学。征诸文学史，那些放肆的歌咏、迷醉的颠倒，纷红骇绿，目迷五色，文字中，美人不死，人心里，美影不绝。其实那正是人类之所以繁衍无休止的底牌。美的神秘，实存在于人欲的最深处。假如将文学的焦点，易美为丑，以阿承丑女，或嫫母、无盐，像林黛玉一样，撒气做态，贯穿百万字长篇，我未之见，也殊不可想象。

文字中的美人，有两处为人忽略的艳光，不才以为美到极致，可以超过历代说部诗赋中的美人，压倒群芳，虽无照片应时的直观，但有文字为证，特录下供赏：

一则《南史》卷十二：

张贵妃名丽华，父兄以织席为业，后主为太子，以选入宫……张贵妃发长七尺鬒黑如漆，其光可鉴。特聪慧，有神采。进止闲华，容色端丽。每瞻视眄睐，光彩溢目，映照左右，尝于阁上靓妆，临于轩槛，宫中遥望，飘若神仙。

一则晚清文化巨子马相伯老人《一日一谈》中所记述的高丽闵妃。他在将近百岁的时候，回忆说：

我在高丽任指导改革新政事宜时，常有机会觐见闵妃。就容貌说，她实在是我有生以来所见的第一个美人。她身材适中，脸儿做鸭蛋形，鼻儿高高的。皮肤非常洁白匀称，乌黑的头发，态度非常娴雅庄静。

闵妃是高丽的国母，开明而有头脑。可恨当日、俄之战时，其国为日军攻陷，残暴变态无人性的日本人，竟然用汽油烧死了她。马老的文字不若宋玉的夸饰，不若渊明的朴茂，当然也比不了曹植笔下美人的婉丽华采，比不了曹雪芹那种美的“全息摄影”。但他却别有一番入骨的深切，笔力惊艳，结构天成，更有一种持久的感染力，及极端的无可代替性。这正如瞿秋白的一句“中国的豆腐，世界第一”，所包含的伤绝、凄切，以及血泪和人生的荒谬感，并不比《离骚》的辗转复沓更少，是一样的道理。

浩瀚的宇宙中，人类渺小卑微。最近，科学巨子霍金发表谈话，以为人类的聪明再怎么发展，也有限；譬如与其他星球发生联系，“即令坐火箭，也是缓慢而令人厌烦的，到银河系中心，一个来回需要十万年，彼时，人类如果尚未毁灭，也将面目全非”（《参考消息》，2000 年 2 月 11 日）。众星球遥不可及，自有人类以来，其自身处境又垢贱困扰。是什么令人活下去呢？还有美，唯有美，它神秘、永在而潜伏深远——说来堪惊。

美色可以治病吗？也堪一说。清代梁绍壬的《两般秋雨庵随笔》中记述一个酸秀才，人家说秀色可餐，他说人肉吃不得，一时传为笑柄。这实在是腐儒不可教的一个最好范例，也是腐儒不可与其谈艺的明证。反过来，可以显现初用秀色可餐这个词语的人的敏感和诗心。最初使用这个词语的人是晋代文学家陆机，他的《日出东南隅行》说：“鲜肤一何润，秀色若可餐。”借味觉的适宜，来形容视觉的满足，极赞妇女容貌的美丽，与古为新，语妙天下。

陆机的传人真不少！在敏感的中国古代文人那里，这种诗意和敏锐的觉察得到了层出不穷的延属和发挥。《聊斋志异·娇娜》写书生孔雪笠旅居重病，得一老伯引丽人前来探望。丽人年约十三四，娇波流慧，细柳生姿。书生见到如此娇媚人儿，呻吟顿忘，精神为之一爽，不久即遍体清凉，不治而痊愈。初读只是觉得鬼话连篇，蒲松龄先生吓人吓到了家！然而仔细揣摩，却又要为蒲翁的匠心而废书三叹，至矣，小说家之诗心！原来作家用心良苦，他不仅以为秀色可餐，美色一变而为治病疗心之物。他不过是要为苦痛的世界发明一种精神的灵丹罢了。幸好这种感受不止蒲松龄先生一个人有——《巴黎圣母院》中的卡西莫多丑如鬼怪，他自己也为之无地自容吧，可是他一直同恶势力战斗到最后，不是因为有爱思美拉达这个美女在他身边吗？他只要看她一眼，就觉得人生没有虚度了。最后他们合葬在一处，他的在天之灵，也会有所寄托了吧。在这一点上，蒲松龄和雨果的寄意不是同出一辙吗？

博物学家达尔文曾经论述鸟类的互相吸引，讲到了彩色的羽毛和婉转鸣叫的作用，也是一种美的吸引。倘若没有这些，动物恐怕就失去了繁衍的可能。作为万物灵长的人，同动物一样有美的吸引。而人之异于禽兽者，尚有思想的功效，使其将美视为一个永恒的喜悦。人生有情泪沾臆，江草江花岂终极！所以，美是不能忘记的。

在敏感的人那里，因为他比别人敏感，所以他也比别人更善于体察享受美的事物。美的失去，甚至会导致精神的疲困和疾病。1902 年冬天，契诃夫在雅尔塔写信给他的妻子克尼碧尔："今天我不能工作，头痛，昨天我初进城市，那里十分枯燥无味，街上尽是些面孔丑陋的人，没有美女，甚至没有一个赏心悦目的！唉。"这种经验造成的不是甜美的回忆，而是莫名的怅惘，其中有深意，谁解作者的痴迷呢？佛教的观音座下，也不免是绚丽灿烂的莲花，可见美的无所不在了。

真能鉴赏美的人，他自己也当是"解语花"，惺惺相惜，大抵如此。东晋桓温举兵伐蜀，攻入成都，把五胡十六国之一的成汉国打灭了，以李势的妹妹为小妾。他太太南康长公主是一位有名既凶且妒的泼妇。她知道后乃率领侍婢女兵数十人，"拔白刃袭之"，预备一下便把这二奶，生吞活剥，以雪心头之恨。她提刀赶去，看到李小妹正在窗前梳头，长发委地，姿容端丽，美丽得令人战栗。李小妹也不怕，只是哀叹道"国破家亡，无心至此。今日若能见杀，乃是本怀"。

桓太太一见，大为感动，乃掷刀于地，上去一下把李小妹抱于怀中，激动地说："阿子，我见汝亦怜，何况老奴？"——她意思是说，我见你都疼爱得不得了，何况那老东西！她善待这个美女。这位夫人真是要得！美居然治好了她的妒嫉病。她也实在是一个有情味的人。

《释迦牟尼传》第五章写摩耶夫人，说她是"迦毗罗卫国的国母，她的相貌如同秋天圆满的月亮，她的心灵如同池塘中清净的莲花"。在此，美的力量是起一种净化作用，宗教对人的灵魂的养护，也离不开美的帮助和促成。

漫长的进化过程中，人类的前身就和美结下了不解之缘。先民处于生产力十分低下的艰苦劳作之中，却也忘不了创造美的事物来慰藉自己的心眼，并不惮幼稚，用美的图像来保留那些荧惑自己的心情。我们今天来看两千多年前的汉砖瓦画像，每每不禁为古人的艺术心眼而哑然失笑。那些出行的车，美女的腰，武士的臂，奔逸的马，从生活的素材中结缡出一种想象的自然，种种力量和韵味，似乎在提示说，古人总是在锲而不舍地要想填平人间与仙界的鸿沟。

说美是不能忘记的，在于美不仅是人的向往，而且是人的需要——灵与肉双方面的。离诸美而虽生犹死，一切都黯然失色。美在有的人是一种灵魂的火花，在有的人是一种不灭的心情，或存于想象之表或隐于记忆之井，活跃着、变化着而不稍衰。

以笔者无限的浅陋来臆测，窃以为，人所创造的一切精神方面的美，都是对人类自身力量和韵味的或重或轻的补充。而在人自身的种种美的东西，又以美貌为影响人心的第一本质因素。艳女心情好，"自爱频开镜"，她不禁一天照好几次镜子；而自惭形秽者，甚至可以决定作为个体的人的一生行程、他们的命运。何以人心对相貌的美丑有着几乎是先天的判断呢？西哲叔本华以为，是因为“美貌乃存在于人的情欲之中”，实谓美貌乃因情欲而认识，而凸显。一针扎在人性的弱点上，道出人这种无毛两足动物的根性。姑存此说吧，因为我们似乎还没有比这更好的解释。

美貌对生活的影响和影子都无处不在，而以女性为甚。小焉者左右人的心情，大焉者甚至改变历史的流向。据说当今英国上流社会的太太小姐，倘觉得自己相貌丑陋，赴宴会或约会时都租雇一名丑于自己的女孩为伴，以衬托出自己相貌的某些优势，减弱难堪的程度。美貌之影响人心，岂可小视乎！其实就是在中国的大学里，也可见一个有趣的现象：大学中的美女走路，身旁总有三五个丑男随之——当然据说这些人都是有本事的，郎才女貌，各取所需——这样走的结果，各有想法。美女想，我跟丑人在一起，岂不是愈增添我的光辉？而丑男想，我能跟美女相伴，自己也随之“照亮”，也“美”在其中啦！人心之微妙竟一至于此，诚可叹也！所以，怎么保持美貌，简直成了一些女人的头等大事。像世界级的美女，20 世纪 40 年代名满天下的好莱坞明星玛丽莲·梦露，她的宛若天成的美貌，她的体态，她的“像在许诺般耳语似的声音”，“足以使一个心脏脆弱的人倒下”（美国学者拉克夫语）。当她深觉自己再也不能把这种美维持一天，再也无力支撑这一具偶像时，居然吞下了四十七片戊巴比妥钠，结束了辉煌的一生，留下无尽的悬念和“永恒的美”。她的美貌确实在毁灭中定型了。在美的萦纡下，她的恒力真是可惊！不同的是，像中国唐代女诗人鱼玄机，一生寄情风月，风流而成痼疾。除了她的才情外，其“姿容鲜丽”是一个诱因。可是当她年长色衰，名气也随之销歇了，有势力的保护人悄然纷飞。他们不会靠回忆她的美目巧笑过日子。她也因此潦倒，最后因变态杀女童而受审毙命。这几乎可以说是美貌流失了，生命也随之贬值的一个显例。

女人看重她的美貌，内因可谓千头万绪，择其要者，乃无非以此而决定其身价、地位、财力及去向。女为悦己者容，有时一生中的一切难堪之处都在其中了。1934 年美国结束了当时国内最大的案件——毙杀头号罪犯迪林杰。迪林杰的两次越狱成为美国罪犯史的经典故事，他因此引来了铁腕人物，美国联邦调查局长、大名鼎鼎的胡佛亲自来对付他。可是，胡佛的特遣队和与其配合的飞行战斗队都一再被那迪林杰戏弄，媒介上开始用漫画、小品来嘲笑司法部门。最后，胡佛终于找到了突破口——其美无比的某红衣女郎，而迪林杰又为那女郎的美貌所迷醉而不能自已，终于，他还是忍不住和女郎去看电影。这当中，特遣队在外面已围成铜墙铁壁，结果，那晚上，这头号罪犯身中七十余弹！

当然，这可以说是特例了，而特例正说明了有公例。美貌在人生的转折处，起着不可小觑的决定作用，此时，偶然也往往是必然。其底蕴是美的震撼力。王昭君在两国外交大会上，“丰容靓饰，顾影徘徊，竦动左右”(《丽人杂记》)。聚焦人的七情六欲，如白居易所说，美貌之惑人胜于狐狸妖精。而在有的事物上，美，时时左右人的心情，像林黛玉，她的嬉笑悲欣，都随美丑而沉浮。可以说，她的价值标准，是首责其美，次求真善的。《红楼梦》中，写她和诸艳放风筝，黛玉的风筝是一个美人形象。她说“这一放虽有趣，只是不忍”，这真可以说是美人惜美人了！“照花前后镜，花面交相映”，美貌的诗情，竟至袅娜入骨了。而“人面不知何处去，桃花依旧笑春风”，则是永生的惆怅了，天若有情天亦老！

为什么现代美容术能赚大钱呢？在发达国家，手段高明的美容专家，可以使不美转换为美，硅胶（晶）在人的面貌上价值千金，起一种重构作用。其内里的潜台词是，技巧手段可以变幻为真，起衰振颓；可是它作为一种价值标准，对人心有何种影响和刺激呢？也许有一天，我们看到一张张修饰衬垫了的美貌，不再说“呵，真美”，而是问：“花了多少钱？”

据报载，美貌可以激发他人的善心。国外的教育心理学家做了一项心理测试：给七十五名大学男生观看一沓女人的照片，这些女人有的风姿绝秀，有的则平庸丑陋；要求他们从中选出一位女性，前提是甘心为她做如下事情：搬家具、借钱给她、献血、捐肾、游很长的水路去救她，甚至为了掩护她而舍身赴死。这些受测试的男生大多愿意赴汤蹈火，冒死不惜，只有唯一不太愿意做的就是借钱给她。

对心理学家虚拟的这些情境的回答，也许与他们实际上会做的相去甚远，但从后面的几次测试上看，人们大多相信这些学生所说为实。在实验中，心理学家测试了他们会否一视同仁地对待美丑，结果发现，人们并不是将善行平均分配的。例如，在一次实验中，让一个漂亮女人和一个丑女人分别走近电话亭，向打电话的人询问：“我是不是把一角银币掉在那儿了？”结果，有百分之八十七的人将银币还给了漂亮女人，而将银币还给了丑女人的比例只有百分之六十四。还有一次实验，是让两个女人分别站在路边一辆爆了车胎的小车旁，结果仍是漂亮女人先得到救助。心理学家说，这是她的外貌吸引了男人。甚至在不是遇见了自己真正倾心的对象的情况下，只要那个女人很漂亮，男人也会被吸引。这也算“屁股决定脑袋”吧；“狠斗私字一闪念吗”？——要求他人而已。

据说所有的罪犯在绞刑架下，都会变成劝人为善者；同样的，生物性的冲动也会令他们做出一致的选择，这或许可叫做“狗熊所见略同”吧。

有趣的是，人们很少请求漂亮的人帮忙。这在异性间的情况是如此，在同性之间亦然。而当涉及男人与漂亮的男人相遇、女人与漂亮女人相遇的情况时，情形仍是如此。生活常见：人们做事取悦那些相貌俊美的人，甚至并不期望得到回报，那是说明美善一体吗？不一定；那只说明，自身的善在他人的美引发之下，有可能出现。因为美实在是一种先天的生物性的身份象征，这与一个人诞生在贵族之家或者继承了一笔财富没有什么不同。正如作家吉姆·哈里逊所说的，美代表着“天生的不公平”。司汤达《爱情论》曾经举一官太太的言论，她说，公爵夫人年龄美貌永不过三十。这句话，一方面，见得浮世薄俗，好话只向贵人说，一方面，又见得地位眼界修养陶冶等等对气质的铸造；所以，感觉上，公爵夫人，就永不老去，永葆青春年华了。这怎么可能呢？然而，世俗的心理或许如此。

所以中国古人说，美言不信，信言不美。对好听的话加以提防，人们对美貌也有相同的态度——美貌的人多虚伪；又说，美人少有诚实心，还有美丽常伴愚蠢等等。

英国谚语：锁见美女自然开；又说，漂亮脸蛋犹如一封推荐信；还有漂亮脸盘，就是一半嫁妆等等。

也就有与美貌较劲的谚语：美而悭吝，一文不值；美貌不能使壶水沸腾；人不能靠美而生，却常常因美而死；还有什么“漂亮不能当汤喝”，读之令人哑然失笑。当汤喝之类，已经属于抬杠了。

法国谚语：美丽与虚荣形同姐妹，美丽与淫欲恰似母女；还说，女人越漂亮，贪心就越大；又说樱桃惹眼被人摘，女人美艳自引灾。这有点像中国古人说的：“艳若桃李，岂能冷若冰霜？”

话说丑人多作怪。其实美妇人一样心术大大的不正。相貌作为心理语言的建筑化，丑陋相当的显眼；美貌则仿佛天然的屏障，多了一层回旋，叫人防不胜防。罗马皇帝克劳狄的美妻瓦列利娅陷害大臣的手法和中国美女郑袖的心曲同出一机杼。她和那尔奇苏斯串通陷害阿庇乌斯，那氏黎明时装作惊慌失措跑进皇帝克劳狄的寝室，说梦到阿氏袭击皇帝。这时瓦列利娅马上借口说自己也做同样的梦。一会儿，阿氏果然来了。其实他是头天接到命令来见皇帝的，可怜，皇帝由老婆等人的梦证明了真实性，因此下令将阿氏处死了。楚王的妻子郑袖，也是绝色美女，为了排斥其他女人在宫中的地位，无所不用其极。威胁他的是楚王的小情人。她在不动声色中，一方面对小情人说，楚王喜欢你捂着鼻子，一方面对楚王说小情人之所以捂鼻子是因为嫌你有体臭。结果那个小美人就被割去了鼻子。美丽掩盖着残忍和奸诈。

嘉宝的美，一般人已难以形容，公认她的美是“传奇般的美貌”。她十七岁开始演戏，这是1922年。她1941年退出影坛。20世纪30年代的英国作家库克表达他的推崇：“嘉宝是所有男人梦寐以求的情人（看见她时），如果你的想象要犯下罪过，至少可以庆幸它的完美品位。”又有戏剧评论家以为，一个男人醉酒时在别的女人身上看到的美妙，他清醒时在嘉宝身上也能看到。嘉宝本人是一个沉静的女人，不喜欢“跳来跳去的女人”（契诃夫笔下人物）；尤其在后期，她喜欢独处。她以为美丽在安静中能长久保持魅力，一经打扰，就像陈酒泄了气。由此可见,浮世的喧嚣对美的杀伤力有多大了,然而，今天的美人们不得不在喧哗中讨生活，这既是一种宿命的现实，也是一种因循的惯性。人的无知而盲动的欲望，既期求美，又大幅度地扼杀美的因子。因为就世俗而言，在爱情的神话之下，掩藏着自尊自大，受虐狂和妄想，以及审美的僵化。所以，像嘉宝那样，在世道的磨难迷茫中最大限度保持了美的性质的，要算是难能可贵了。

习见的古语“闭月羞花之貌，沉鱼落雁之容”极尽夸张的能事，来比喻女人的美貌。“闭月”，是貂蝉的代称。貂蝉某天夜晚在后花园拜月，轻风徐来，月亮自觉惭愧，赶紧躲在云彩后面，因此，貂蝉也就称为“闭月”了。“羞花”,是指杨贵妃。她对花自言自语触摸之，花瓣收缩，宫娥以为花儿自愧不如。“沉鱼”，说的是西施。浣纱的女子西施，明目皓齿，河水映照她的身影，游鱼见之，渐渐地沉到河底，于是“沉鱼”就成了西施的代称。“落雁”，则说的是昭君出塞的那段故事：她坐在马上，拨动琴弦，奏告别之曲。南飞的大雁听到哀婉的琴声，看到她绝世的美貌，忘记扇动翅膀，就跌落到地上来了。这样，昭君既有落雁的本领，也就得来“落雁”的代称。

沉鱼落雁，闭月羞花，都美到极致，但设计殊类——即不同种、不同类的生物，其眼光就完全变更，这说来恐怕是出乎我们常人的意料的。庄周在他的《齐物论》中说，美丽如毛嫱这样的漂亮女孩，人们都把她们推崇得不得了，没有比她们更诱惑心志的了；然而，鱼看到她们，赶紧跑到深水区去了，鸟儿见之，一下就飞得远远的，麋鹿遇见她们，噌噌的就箭一般逃避到森林里去了。钱锺书先生解释说，这是因为，猿猴啦，鱼儿啦，飞鸟啦，它们都“各爱其雌”，爱它们各自的漂亮异性；人类再怎么喜欢美貌异性，那是人自己的事情。闭月羞花等等，都是人们以“人同此心”的心理，放射到了动物生物的身上。实际上，不同种类的东西，并不爱慕其异性的，而只能在同类中发生作用。同类中才能以美貌使情欲感动发施。钱先生译拉丁谚语说，猪视猪美，狗视狗美，牛视牛美，驴视驴美；又译伏尔泰论文说，什么叫做美，去问雄蛤蟆，它必然这样回答：雌蛤蟆最美!

嫫母因为面貌丑陋，到三十岁上，还找不到娶她的人，所以觉得每个夜晚都特别的长久。古希腊的哲学家柏拉图说：“最好看的猩猩也是丑八怪。”德国谚语也很固执地认为：哪怕你给它们穿上天鹅绒，猩猩还是猩猩。可见人类的一般心理欲求，是以和谐为美；超出这种范围，脸部发生错位，像黑猩猩者，就很麻烦了——人们以为它是美的对立面，是丑的极致。人一旦与黑猩猩相似，他所受到的歧视，也就到了极点。然而，这还不算完。也有对生活、对婚姻全盘失去信心的女郎，为生活折磨或为对方性格钳制到了无以复加的地步，那就宁愿一切撒手，一切放弃。在西方假如一个女人说，“我宁愿牵着黑猩猩待在地狱里面”，那她对极丑的认可，总的背景就是对人性的灰心丧气。这当中，心理演变的力量有多么大呀!

美貌有足以改变世界的时候，但事情也有旁逸斜出的。汉高祖的皇后吕雉，还有晋惠帝的皇后贾南风，一个又老又丑，一个矮得像冬瓜，但她们搅乱天下，叫人根本没有想到；至于文王、太公，他们的太太，都是历史上有数的美人，却只是普通的漂亮女人而已，并没有对历史产生坏的影响。

美貌固然有她的持久性，吸引力和它占据人心的固有势头，但在特殊情况下，也有变化。那位在中国长大的美国女作家赛珍珠，在她的名著《大地》中说：“宁可当丑女的第一个恋人，也不要做美女的第一百位恋人。”什么原因呢？大概她的意思是出于清洁观念的考虑；因为美是脆弱的，相貌也如此，饱经沧桑和久经沙场，对美的杀伤力尤其大，美也经不起污染和折腾，不清洁的美只徒有外壳，并令人生发不洁的联想，一再打折；那么退而求其次，与丑女交往，慰情聊胜于无也差强人意吧！

# 第三章

脸谱政治文化，适成笑柄——内心的阴损弥漫外表——专横者的相貌与内心——先天不足的秦皇面相，畸形变态——王莽长相怪异——暴君尼禄他的相貌也是先天不足，他的妻子扮靓有术——萨达姆故作镇定——世界最大杀人犯希特勒长相明显病态——红卫兵的盲从脸貌——美男子的脆弱极限，现代史上的几个人物——曹操形貌不堪之处——太平天国人物群像粗疏粗陋、发育不当——天王诗如其人鄙俚怪诞——疯子的相貌及其造成的历史——疯子玩弄世界：他们的长相，人民为丑陋者陪葬——袁世凯矮胖顽劣为人卑鄙

*

相貌与人生的功用，关系实在大矣哉。章士钊当20世纪初年在东洋，初见孙中山书法，用日本美浓纸卷写成，正大慈厚，内力弥漫，又从字而想到人的风仪，内心顿生仰慕。差不多同时期，吴稚晖对孙中山先是鄙薄，认为不过是江湖穷居的草莽英雄耳；及见中山，观其相貌，则是威重沉着，大气磅礴，闻其谈吐，则有千钧气势，当下拜服不已。这是以貌取人吗,倒不尽然。盖“人”也是一种“物”，生物万千年形成衍变过程中，自有其规律物理，相貌往往是心理语言、内容的外在表征。古代相书之多，其底蕴意在侦破人类自身的秘密。曾国藩曾著《冰鉴》一书，专门研究人脸、骨骼、相貌与人生穷通浮沉的关系，号称相学专家。他将这一套运用于实际，颇获奇验大效，但没想到他也曾被人轻轻骗过。那是相貌清奇的饱学之士，先以“沽之哉”钓他，一而再、再而三之后，卷多金而去，令曾公为之气沮。这个故事在晚清叫做“欺之以方”。

虽然脸相不能一概而定，不能绝对化，但也阻止不了人们在生活实际中有意无意地运用。这就是印象啦，好感、恶感、一见倾心等等的心理底牌。

李敖看书庞杂，他的作品世人褒贬不一，但其笔下确有怪文。他也喜欢研究相学，当然不是单纯的看相。他是把所谓政治价值直观化、具象化，譬如他从脸谱来看台湾的政治文化。他写道：

俞国华——俞氏一宁波账房耳。他身材有余，脸孔不足。看来看去，增一分为账房，减一分仍为账房。一口奉化国语，听来难分是人声还是鸟语。

李焕——李氏青年军一政工耳。方脸没长够，又长出一个长方嘴，内唇外翻，翻出来的都是清清楚楚的空话。

王升——王氏江西一土裁缝耳。此人长个大秃头，怕老婆甚于怕蒋经国。最后一朝势落成春梦，秃头猾下，除老婆外，已一无所有。

邱创焕——邱氏台湾一土蛋耳。浑身马屁功夫，拍到大官做，此公讲国语，三字一断句，断句后快口泻下一句，听来有大便畅通之感，故从邱氏大屁股脸上，不见政治文化。(《白眼看台独》：中国友谊出版公司，1993 年）

这样写来，自然解气且解颐。他以此断定台湾没有什么政治文化，辅以时事点染，确是形象直观，较之玄而又玄的“学理”分析，倒可谓以少少许胜多多许了。其趣味之自来，缘于相貌在人生中的地位，不论好感恶感，一见之下，即不免形成印象感觉，避无可避，相貌在人与人之间，各个唤起的心理反应是如此强烈，自然也不能就直感直觉一概而论。《北齐书·宋游道传》尝谓“游道猕猴面，陆操蝌蚪形，意识不关貌，何谓丑者必无情”，倒也值得细味之。

古代皇帝要对小民百姓出奇制胜，最刻意强调的，乃是他们相貌的奇特，为此，往往如中了邪魔一般；甚至不惜过度夸饰，搞到非人非兽的地步。林彪有“两杆子”即“笔杆子”和“枪杆子”的说法。其中“笔杆子”们发动以天命和民心为主题的文宣战，臆造出新皇帝之母梦与龙蛇神怪交配之类无稽之谈；或者用相面术（如刘备的奇特相貌和王莽的猥琐长相)、政治歌谣、占卜术和各种异常征兆(天象、符瑞)等伪科学为"天命"张目，利用人民对旧王朝的愤怒以邀民心。

司马迁的文笔神出鬼没,指挥裕如。秦始皇的相貌是在《史记·秦始皇本纪》中由另一人物的口中叙述出来：

李斯因说秦王，请先取韩以恐他国，于是使斯下韩。韩王患之，与韩非谋弱秦。大梁人尉缭来，说秦王曰："以秦之强，诸侯譬如郡县之君，臣但恐诸侯合从，翕而出不意，此乃智伯、夫差、湣王之所以亡也。愿大王毋爱财物,赂其豪臣,以乱其谋,不过亡三十万金,则诸侯可尽。"秦王从其计,见尉缭亢礼,衣服食饮与缭同。缭曰:"秦王为人，蜂准，长目，挚鸟膺，豺声，少恩而虎狼心，居约易出人下，得志亦轻食人。我布衣，然见我常身自下我。诚使秦王得志于天下，天下皆为虏矣。不可与久游。"乃亡去。秦王觉，固止，以为秦国尉，卒用其计策。而李斯用事。

尉缭子差不多相当于今天的军事战略家，秦始皇和他又相处融洽，衣食住行都重视他的意见。尉缭子得以近身观察，所以对他的相貌描绘极形象。这里将其性格大略与其外貌一起叙写，实有深意。关于他的鼻子，钱锺书先生说是鼻尖特尖；(《管锥编》)郭沫若说是如蜂身一样，两头高，中间塌。(《十批判书》)总之是异形畸形，与和谐相反的怪相：眯眼睛，鸡胸，胸腔里发出豺狗一样的声音。秦始皇刻薄寡恩，其心地如虎狼之残暴，这样的性格，是属于那特殊的长相，也可以说是和他的长相一而二、二而一的联合体。秦始皇以起，酷刑诛三族，思想专制与连坐恶法偕行，乃帝王专制主义的始作俑者，其单元主义的大一统观念是中国社会文化的最黑暗一面，为祸两千年。焚书坑儒，收天下之兵铸为金人十二，是斫杀历史，使之断裂，消除人民的精神记忆，封住人手之外，且封住人口。

秦始皇怎地长了如此一副尊容，说来也是有生理原因的。起先，阔绰的大富翁吕不韦有一位邯郸美女的女朋友，寝处甚悦，遂有身孕。而吕不韦的朋友秦庄襄王（子楚）恰好也对这美女一见而迷恋之。吕不韦是先恼怒后辗转认可，就将女孩献给了子楚。子楚即位后，遂立此美女为夫人。她就是秦始皇的妈妈；那个小孩，就是秦始皇。在这一换夫的过程中，难保没有惊吓折腾，胎气受惊动，自然就出现畸形儿。也就是说，尚在胎儿时期，嬴政就经受戾气的笼罩，所以他不但长相怪异，且行为乖张。秦始皇小的时候，就作为人质，被软禁在赵国。请试想想看，这样一个小孩子，本来应该在父母的呵护下，天真无邪地成长的，读书，玩耍，调皮，可是，秦始皇却是处处看人脸色，受到看管，其幼小的身心受到了一定的影响；而且，一直和母亲待在一块。在古时候，女性的地位本来就低下，没什么文化，经历又复杂；所以嬴政的心理已经往畸形的方向发展了，而且造成了他极其倔犟和顽固的性格特点。这也许也是“三分天灾，七分人祸”。

秦始皇的相貌严重不足，于是他就向外延发展。秦始皇南巡，仪仗万千威风凛凛。刘邦羡慕得大喘气：“大丈夫生当如此。”项羽羡慕得心痒痒：“彼可取而代之。”其中有较为明显的补偿心理。

如果这样的畸形发展得到了补救，那么也就好了；可是偏偏糟糕的是，他十三岁的时候，就即位做了皇帝，又是在本该玩耍的年龄，要承担政治上的压力。这种压力不但来自国外，而且来自身边：一方面，他虽然是皇帝，但是大权在吕不韦手里；另外一方面，后宫的淫乱，也使他的后院起火，所以，小小的年纪，就体会了一个成年人所无法承受的痛苦。这个时候，他扭曲的心理已经形成了。他长大后，将他的妈妈的男朋友五马分尸，又将他的两个同母异父的小弟弟装在大口袋中捕杀之。这当中，他妈妈的不检点或说那男人与他妈妈的私通令其心头阴影密布（《史记》）。于是在强烈的暴力倾向的驱使下，秦始皇开始和其他国家打仗，就是历史书上的“统一全国的战争”。他长期的压抑，在战争中得到了补偿。对人民，他实施的是把强奸说成是做爱的愚弄。这么一个丑陋的人，权力欲沸腾，所欲造成的万世之泽，结果两世而斩。他的公子二世活在被人指鹿为马的环境之下，最后求为郡长不得，求为万户侯也不得，甚至求为黔首百姓种菜灌园也都不得，被逼迫自裁。秦始皇死后尸臭如鲍鱼，也就真的要用两担鲍鱼来故布迷阵而掩盖之，真可以说是冤了鲍鱼。专制害民害己，一至于此。秦始皇在小时候就已经是一个“吃狼奶长大的问题小孩”。两千多年后，有那拍电影的，设计多位刺客刺杀秦始皇，百计不得，自身死于万箭攒射之下；秦始皇则威武不屈，金光闪闪的样子，那实在只能说是变态对变态的认同和不幸的遗传罢了。他们的共同之处是都要以其不堪的“理想”强加于人，灌输邪恶与无能，妄欲将人间最大之悲剧开脱、勾销，声光电化中，妄念益深，蒙昧益深。

班固的《汉书》，写王莽传——这大概是《二十四史》里面最长的人物传记，也是写到一半，即行文至中卷之时，方才腾出手来从容写王莽的相貌。这样，外貌和人物的行止、行为方式渊然融会在一起，互相制约，互有关联。“莽为人侈口短颐，露眼赤睛，大声而嘶，长七尺五寸，好厚履高冠，反膺高视，瞰临左右。是时，有用方技待诏黄门者，或问以莽形貌，待诏曰："莽所谓鸱目虎吻豺狼之声者也，故能食人，亦当为人所食。"问者告知，莽诛灭待诏，而封告者。后常翳云母屏面，非亲近莫得见也。

可见他的脸部的下半部是很不合比例的，口太大，腮帮又短，眼珠外凸，而且红得像有病一样。他的声音也是破哑难听的。他的穿戴也怪异，帽子高，鞋底很厚，看人时身姿别扭得很。这样，给人的第一印象就很差。见到他的人说，王莽，他的眼睛像猫头鹰，嘴唇像老虎，声音像豺狼；他杀人越货，最终也必然死于非命。行文到这里，似乎是说，像他这样一个人，并不能有效地管理国家；他的改革，多是想当然的临时建制，结果左支右绌，导致他走向专制专横一根筋的死路。

法国帕克特写的《镜子，美的历史》一书，谈到罗马皇帝尼禄的妻子波佩，为了她的一张脸如何地兴师动众。她非常重视她的长相，因此在打扮上费尽移山心力。每天早上她的梳妆须动员一百以上的奴隶，脸上用黑麦粉、马鞭草叶片粉末、蜂蜜及驴奶打底，这也是一种劳动。在此过程中，她甚至发明出一种美容面膜，有奇效大验。古罗马诗人尤维纳利斯称之为"丈夫的脸"。因为这一切的底蕴是女为阅己者容。而当时女贵族的晨间梳妆已经是一种普遍的风气。其过程，仿佛军人的一场战斗训练。"全身有孔之处必清洗刮擦，脸上的部位和身体的各关键之处均须除毛，牙齿用磨碎的角质物擦亮，咀嚼香芹使口气芳香，脸上的痦子等以假痣盖住。还要以甲板平衡肩胛骨的高低。另以适量铅粉涂抹，以锑或番红花做眼影。"她们是如此地来照顾这张脸，以至当时的诗人说，仿佛她们的脸一不小心就会掉在地上四分五裂。

在汉译世界名著版的《罗马十二帝王传》中，关于暴君尼禄，是他有多位妻子。最先的是屋大维娅,然后才是波佩（一译波贝娅），最后是斯塔提里娅美撒里娜。波佩是离任财政官的女儿，显然她最漂亮，又最善于打扮，其美容功夫，已如上述。但因尼禄是一个不可思议的暴君，所以，凡跟他认识的人几乎没有不受到他的迫害的。尼禄喜欢杀人，还喜欢对尸体品头论足。他三岁的时候，父亲死了，他的童年相当的不幸。他长大后，成了一个蛮横、好色、奢侈、贪婪和残忍的人。他喜欢诱奸已婚妇女，甚至跟自己的亲生母亲通奸。他挥霍金钱的方式为常人所难以想象。他建造的园林几天都走不完，里面豪华得像一个富足的小国。他的妻子无论喜欢与否，最后都被他谋杀。他听到有人谈话说“我死后，愿大地一片火海”，便迅速接口道 ：“不，在我活着的时候。”可见其疯狂的一斑。

正像司马迁写秦始皇的外貌是在文章的中间才一撇手道出一样，历史学家苏维托尼乌斯写暴君尼禄的外貌，也是放到文章的最末尾，是在尼禄为起义军逼迫自杀以后——这时候，阅读的兴趣已相当紧张高涨——说他“身材高矮适中，体表有斑纹，散发臭味，头发浅黄，面容与其说风雅，莫如说端正。他眼珠浅绿，稍微近视，脖子粗,肚皮大,两腿很细。虽然淫欲无度,可在他统治的十四年中，他统共只得过三次病。他经常不系腰带，赤脚出现在公共场所”。

这样一个暴君，长相总的说来是一副怪态，与秦始皇有异曲同工之处 ；生长的年代也相去不远。他们都有不幸的童年，长得都不大对头。但是，尼禄虽然一肚子的坏水，但他的坏相当的个人化——

不像秦始皇的坏，坏成了一种铁桶般的社会制度，害人两千年。尼禄死时三十二岁，史家记述那是“大快人心的一天，人们戴上自由帽，全城上下奔走相告”。可是秦始皇死了，人民竟还没有这种庆贺的自由，两种处境之悬殊令人浩叹。

萨达姆的相片，在报纸时事版出现的几率之大，稍读报者俱耳熟能详。他是一个外表坚毅，内里颟顸；外表做作，内里阴暗的混世魔王。从他对其国家的经济掌控方式，即可见一斑。

他的国家在受到联合国的严厉制裁，它的家族却大发战争财，成了暴发户。出卖石油的巨大收入成了上层敛财肥私的法门。据中国外交官撰文介绍，伊拉克从1968年到1980年8月2日的外汇储备为五百亿美元，所有这些资金一直掌握在萨达姆家族的手中。

近些年，伊拉克当局对粮食、药品的发放已经形成一个黑洞，大行黑市交易。当局与走私犯相互勾结，从中牟取暴利。有一些在“石油换食品”项下进口的粮食、药品经过政府官员之手，以高价转口到邻国；而由此换来的美元，则塞进不法官员的腰包。

为了确保政权稳固，伊拉克当局耗资一百亿美元，在全国各地塑造了上万座大型的萨达姆各种姿态的铜像和数不清的遍布在全国各地大街小巷的萨氏画像，还有各种的画像、纪念碑、纪念币、纪念章、纪念邮票、手册、文集等各种宣传品；特别是在各个博物馆、展览厅、会议中心的墙上雕刻、绘制出几千幅大形浮雕，做工十分精致，其成本之高可想而知。而且，每年要有成千上万的人员专门进行维修。

自从“海湾战争”以来，萨达姆和他的两个儿子为了保命起见，花费数十亿美元为自己修建了七十多个隐蔽性能很强的地下宫殿。这些宫殿的建筑材料都是用高价从国外进口的，战时可抵御核武器攻击。萨氏家庭成员每人有一套类似的房子，并配有相应的厨房、卫生间，耗资之巨，令人咂舌。

其内心，是怀着巨大的死亡的恐惧，因此要将他的容貌变成印刷品、金属制品、美术及雕塑作品在世上流通。人们将深深记住这副尊容，不过，效果可能适得其反，可能是将他作为诅咒的对象来记得的。

伊拉克的落后，决不说明落后就要挨打这个观念。因为它的落后，并不是没有钱的落后，也不是缺少先进武器的落后，而是观念的落后。他可以很有钱，石油这种不可再生资源没有给伊拉克人民带来富裕，只是给萨达姆及其家族带来了奢华的生活。自己国内的大规模杀伤性武器只能由联合国通过决议被销毁，因为战争狂人拥有它们被认为只会用于侵略而不是“保卫”国家。而不讲游戏规则的独裁者不怕祸延国族，也不考虑国家利益。事实是，落后并不挨打，不讲游戏规则才会挨打。潦倒穷困的国家多得是，因为讲道理，反而受尊敬的。

希特勒是世界上最大的杀人犯。他以为，世界上凡是不属于优良种族的人都是糟粕。在此变态思想指导下，他指挥德军疯狂屠杀犹太人。战争期间，他的相貌竟引发了中情局的极大关注。最初，希特勒被朋友和敌人极其不幸地低估，因毫无节制的狂言乱语曾被人取笑，因他作为狂热的大众演说家和催眠术家长期被其他政治家忽视。希特勒效法意大利法西斯的暴动策略在1923年宣告失败。他在获释后从1925年起试图走合法的途径取得政权。但他的煽动术终于因其善于制造混乱而取得效果，获得广泛拥戴。1933年，他取得了政权。随后希特勒被任命为总理，以惊人的速度也在国内巩固独断专行的权力。为此，他需要控制国防军、警察和官僚机构，取得专控的立法权，消灭反对派。

据说，第二次世界大战期间，美国总统罗斯福令中情局侦测希特勒性格，以决定决战时机。中央情报局游刃有余，得出了“希特勒性格特征及其分析报告”。这当中涉及他的相貌的生成，可见不是可有可无的小节。关于他的相貌怪异，也有其来源。希特勒当权后曾多次做过隆鼻手术，企图以高挺的鼻子，造成刚毅自信、勇敢无畏的印象，好像只有他才能扭转乾坤。中情局心理专家分析了希特勒有严重的心理障碍的结论，即一方面他有特别畸形的虚荣心，另一方面又严重缺乏自信；同时认为，开辟第二战场，无论军事上的效果如何，对希特勒的心理打击都是巨大的。在重重压力下，他的心理状况将会和他的相貌一样，更为扭曲、变形。1944年6月6日，盟军出动了一万多架次轰炸机，三个空降师以及数百艘战舰和两栖坦克，在西部诺曼底登陆，向德军发起猛烈攻击。这一作战态势，给希特勒心理造成了沉重的压力。他生理方面的疾病根源则是梅毒侵染了他的大脑，使他患上脑炎，导致神经功能紊乱。

拍摄于1934年的《意志的胜利》是一部与纳粹政治有关的电影。1935年由美貌的德国女演员、电影导演莱妮·里芬斯塔尔拍摄。首映式时，她身着白色裘皮大衣与露胸晚礼服出席。很明显地，这位女导演注重相貌的作用，而且希特勒也对她网开一面。纳粹宣传头子戈培尔认为这部电影贯彻纳粹政治的成果。据说，在拍摄《意志的胜利》时，里芬斯塔尔按照她自己的美学观来处理这个极容易拍得乏味的政治会议。对于纳粹高级干部的镜头分配，她也无视纳粹党内的排名顺序逐个拍摄，而是根据自己的镜头美感来拍摄，招致反感。而对那些纳粹头子的夫人们，她也只把她认为漂亮的夫人摄入画面，而许多年老色衰的纳粹家属就失去了出镜的机会。当纳粹第二号人物鲁道夫·赫斯向她提出这一点时，她有恃无恐地讽刺说："要是那些大人物们跟长得再美一些的人结婚就好了。"这种相貌观念的固执，居然顶撞意识形态的紧箍咒，也甚为罕见。西谚说"口味不容论争"，常常不期然而然地表现出来。

当年希特勒在德国以法西斯恐怖垄断权力，镇压异议人士、疯狂迫害犹太人。在他出兵突袭苏联、侵占捷克、攻掠奥地利的每一个时刻，如果当时英法美等民主国家能够果断兴义师吊民伐罪，对其合围从而推翻其政权，世界就应该可以避免后来的灾难；但当时除了丘吉尔一人外，几乎没有人有这样的远见卓识。对希特勒采取绥靖政策的张伯伦，居然在签订慕尼黑协定回国后受到英雄般的欢迎。

然而希特勒酷烈行为无情地嘲弄了怀抱善愿的所有人。

希特勒独裁政权的作为和二战史无前例的惨痛教训告诉人们：对本国人民残酷和暴虐的专制政权，对世界是不可能有信义和友善的；对专制政权和独裁暴君绝不能心存幻想和侥幸。二战之后，只有美国是唯一深刻记取了第二次世界大战历史教训的国家，其他国家大都好了伤疤忘了疼。很多人并不知道希特勒是近现代世界最大的杀人犯。

甘地说："人作为动物是残暴的，而作为精神存在是非暴力的，他一旦在精神上觉醒就不能够再使用暴力。”诚哉斯言。他又说“非暴力行为的第一个原则是不参与任何羞辱人的事情。”(《大学人文读本》)就这个标准来看，如希特勒者，是深陷精神泥淖永远没有醒来的人。

20 世纪 90 年代初南斯拉夫解体后，巴尔干半岛相继发生波斯尼亚战争和科索沃战争，种族清洗，生灵涂炭，死亡人数近三十万，造成欧洲二战之后最惨重的人道灾难。当时联合国、欧盟和各大国百般调停均无结果，以至束手无策，最后两场战争均靠北约毅然军事干涉才迫使塞尔维亚民族主义者停止杀戮，巴尔干半岛始得和平。

就像美国国家安全顾问赖斯女士所言，卡拉季奇（波斯尼亚的基族领袖，犯有种族灭绝罪行）、米洛舍维奇、萨达姆这样的独裁者，他们唯一懂得的语言就是武力。一贯玩联合国于股掌之上的萨达姆一段时间对联合国武检较为合作，众所周知是因为英美大军压境的缘故；但一见全球千万人反战，萨达姆态度又变得嚣张起来。可见这些狂人都是不见棺材不掉泪的家伙。军事干涉伊拉克就像北约军事干涉巴尔干半岛，是一种不得已的外科手术，只有割掉这些好战者的毒瘤，才能止血疗伤。

人民的命运掌握在独裁者手中。在专制极权国家，全体人民的命运掌握在独裁者一个人手中，暴君唯一懂得的语言就是武力；除非这位暴君完蛋，否则人民的苦难不会走到尽头。第二次世界大战后期，稍有理性的德国人都知道这场战争他们已无法打赢；但是独裁者希特勒要战争到底，德国人民只好陪葬。

康生于 19 世纪末出生在山东诸城，先在上海上大学，继而也在上海从事地下破坏活动。他到延安后在“审干运动”中大出风头，总算把在党内一直未能独领风骚的压抑尽情地发泄了一番。他做了令人毛骨悚然的“抢救失足者”的报告，把特务的帽子扣到一切他憎恨的人的头上。他采用了欺骗恐吓、诈取口供、指鹿为马、酷刑折磨、刑讯逼供等手段，伤害了大量的忠诚干部，仅西北公学的五百多人，竟揪出百分之九十六的特务；在绥师十几岁的小孩子中竟揪出二百三十个特务。他采用的肉刑有车轮战、压杠子、打耳光、举空甩等二十四种。短短的时间内，延安地区有五六十人自杀身亡。康生从那时起便积累了一整套排除异己的整人经验。

他做诗、绘画、写字，从故宫等处攫取各种珍贵文物。同时窥视政治舞台变化，等待卷土重来的机会。八届十中全会“千万不要忘记阶级斗争”的纲领一制定，他的精气神又来了。在这方面，他是如假包换的大腐败分子，侵占的文物以天价计算；但为着弄权的需要，一直摆出一副正义凛然的马克思主义者的模样。四人帮、康生一伙，也是半吊子的野心文人，长相极为轻浮躁进，为不堪信任之相。他们早年就将灵魂拍卖给了魔鬼，实为政治烂泥中的恶徒，历史的巨骗，与魔鬼交易直至终局。画师说，画鬼容易画人难，实在因为人间就有活生生的魔鬼。所以“四人帮”的长相实可作为历史的标本，丑恶的极限。

人们对四个现代化之外的第五化——政体现代化，久作云霓之望。不明白第五化的重要性的人，或别有用心专事抵制的人，长相都不大对头，不大开化，不大正常。如康生者，实在也只有用青面獠牙来形容，差可得其仿佛。

钱锺书先生《管锥编》第 314 页引英国旧剧一法官谓“吾已审

视此子,必为大慼。相貌奸恶,汝曹亦曾睹其偶否？明执法凭此容颜，虽无辜亦判绞耳”。康生亦即此种可判绞刑的奸恶面容；但他害人祸国，居然寿终正寝。古来有所谓天道之说，是矣非矣？

在《三国演义》中，曹操的相貌不如他人明朗：“身长七尺，细眼长髯。”如此而已。他的长相，应是有城府，善机变的那一种，给人的感觉，应是不堪信任，倒该防备的印象。他小时候，就不干正事，游猎歌舞，吃喝玩乐，这一套他无师自通。他的叔父见他游荡无度，就告诉他的爸爸。他爸爸曹嵩责之。这样曹操便怀恨在心了。一次他见叔父来了，遂诈倒于地，做中风之状。叔父惊讶不已，告诉他爸爸。他爸爸急视之，曹操又做出屁事没有的样子。他爸爸说，你叔父不是说你中风了吗？曹操说那是污蔑的呀，您也信？他爸爸对他叔父不满意了。曹操于是更加放荡。

所以，杜甫给曹家的后裔大画家曹霸写诗，说他“将军魏武之子孙，文采风流今尚存”云云，当中就透着很大的恭维，因为这里把文采风流的形貌伟略一半算在了曹操的头上，是他传给子孙的。这就与后世的曹操的文学形象不大符合。后世的小说中写他杀吕伯奢一家，其理由叫人不寒而栗。

《世说新语》记载曹操的形貌,有其不堪之处:“魏武将见匈奴使，自以形陋不足雄远国，使崔季珪代，帝自捉刀立床头。既毕，令间谍问曰:‘魏王何如？’匈奴使答曰:‘魏王雅望非常。然床头捉刀人，此乃英雄也。’魏武闻之，追杀此使。”代替他的崔季珪，那倒真是美男子，此公“身姿高畅，眉目疏朗，髯长四尺，甚有威重”。

曹操收编了青州兵后，有了军事实力，便派人到山东去接其老头。曹父颇富，有辎重百余辆车，行至泰山郡，被一些贪财士兵劫财害命。曹操大怒，因这些士兵属徐州地方军阀陶谦在山东的驻军，也可能受了陶谦的指使。曹操即发兵攻陶谦。陶败走郯城，曹操攻之不克，遂兽性大发，将徐州的老百姓"坑杀男女数十万口于泗水，水为不流"(《资治通鉴》)。其情其景，岂非惨绝人寰！当时徐州的百姓，不少是避董卓之乱的逃难百姓，他们没料到，逃到比较和平的徐州后，等待他们的是更加恐怖的屠杀。

关麟徵回忆黄埔生涯，说陈炯明"眼有点斜"；述及汪精卫，他许以四个字："玉树临风。"正是如此，他的确是个美男子，从小聪明好学，相貌斯文英挺。汪精卫就外貌而言，如昆山片玉，洒然高秀，思维敏捷，神色朗然；谋杀清朝亲贵，事泄被捕，将责任全盘揽于一己之身，说明他的男儿血性，是有担当的一副铁肩，意志坚韧，感情深厚。但后来，他竟然为了政治权争的失败，跑到日军的羽翼下强颜欢笑，名节事功毁于一旦，战后坟墓被炸，真正的死无葬身之地了。史料记载，清末民初的革命党人，因为喝过洋墨水，又满腹爱国正义，个个英挺潇洒。其中，辛亥革命的先驱之一宋教仁，就是非常"有型"的一位。他生于湖南半耕半读的农耕家庭，却有混血儿般的浓眉大眼和书生的斯文气质。这位把一生都奉献给革命的先烈，三十二岁就死于袁世凯的暗杀。有型男被猪头样的颟顸军阀害死，让人叹息！

年轻的网友们认为，民国初年的蔡锷将军，是历史课本中最帅的一位，瘦削的脸庞，英挺的五官，加上两撇小胡子，和那些北洋猪头将军的模样成了反差极大的对比。人称爱国将军的蔡锷，和名妓小凤仙相知相惜又不能长相厮守的苦情，是电视剧、舞台剧的热门题材。而蔡锷将军人帅不长命，三十多岁就病故了，更添传奇性。而怀念他的新新人类，也只能看看刘晓庆演出的“老凤仙”，来聊发思旧的幽情了。

鸦片战争以后，洪、杨乱起，其所依仗者，诡秘不为外人所知耳。

太平天国忌讳首领之死亡，凡战死疫死，均于花名册早其名，保留头衔称谓等等，荒谬绝伦。

洪秀全面目，在起事时他是四十来岁的中年人：“身材魁伟，赤面高颧，有须，粗通文墨。”他成天干着赌博、走私，耍无赖那一套。他以天王之尊，却正经八百地让杨秀清打屁股，跪在杨秀清的面前；因为杨氏说天父来了，就附在他的身上。打完屁股，洪、杨又为君臣如先前一样。洪天王是荒唐荒谬，乱来乱闹，蚁蝼不如。他早年藏匿深山，蓄发长达尺余，一直没有剃除，那一副尊容，令人不敢恭维。其种种狂悖残杀，与疯子无异。洪秀全年轻时科考落第，神经受刺激，遂开始装神弄鬼，同时加深了他的暴力倾向、自恋倾向。天京内讧以后，诸王死亡殆尽，石达开也给逼得非走不可。其人待盟友如此，是为无义；对最后的柱石李秀成变态似的胡骂，像恶婆婆念经，竟至诅咒，是为无信；南京围城期间严禁百姓出逃，更是不仁之至。其人面容应是扭曲变形，阴鸷奇怪，然而南京纪念馆，他的塑像居然器宇轩昂，观之啼笑皆非。《太平天日》中的描述是：天父上主皇上帝，头戴高边帽，身穿黑龙袍，满口金须托在腹上，相貌最魁梧，身体最高大，着装最严肃，衣袍最端正，两手覆在膝上。这位上帝不但有型，而且和凡人一样有妻室子嗣；不但在天界，还能经常下凡附体传言。鉴此，有的外国传教士这样评论说：“人神同形论，十分显著。上帝由天上远来下凡，描写得似俗人一般无异。自吾人观之，自觉其荒谬不能堪。”

太平军入南京，洪秀全一头钻进深宫，安享富贵，不坐朝，不见人，连一个国君的基本动作也不做。此时洪秀全完全暴露出真面目。洪秀全的表现较从前帝王更荒诞，修建豪华宫殿，强抢民女几千。天京宫廷生活中，洪秀全把妃嫔当成一群牲口，动辄打、杀，宫廷生活是一片肃杀之象。太平天国“旨准颁行”的官书《天父诗》十七、十八中所载对后妃的管教规定：“服事不虔诚，一该打；硬颈不听教，二该打；起眼看丈夫，三该打；问王不虔诚，四该打；躁气不纯净，五该打；讲话极大声，六该打；有喙不应声，七该打；面情不欢喜，八该打；眼左望右望，九该打；讲话不悠然，十该打。”洪秀全对后妃虐待不仅是打，是杀，而且使用各种酷刑来慢慢消遣。洪秀全制下，大小官都是王，封王一千多个，荒谬绝伦。开国之君未见如此者。至于他还扫荡一切历史文物，摧残和拒绝所有近代化工商业，将南京搞成一个大军营和大集中营，梦想将南京这一套搬到全世界，排拒中西文化文明，那真是让人发指。

杨秀清之长相：“身材中等，黄瘦微须，已损一目，识字无多，奸谲异常”，靠施诡计笼络群丑。他的为人是无赖无聊，阴损阴暗。他在洪秀全面前，是唯一不下跪的，朝议时间，突然就说天父来到了他的身上，凭借这一点，遂其欲望。他对部下若有猜疑，也是如法炮制，突然就说天父来了，指某人为叛逆，那人就被点天灯、斩首，或者五马分尸。他喜欢以杀人、株连累累来表现他的威猛。他的种种权诈煽惑，皆自以为智慧，实际旁观者无不笑其愚蠢。杨秀清，他也是烧炭出身，识字有限。他也极阴险，城府非凡人可探。他也玩弄权术，玩起来昏天黑地。他也以装神弄鬼出名。这人不会是普通农民的德行，一定相带煞气，至少是目露凶光。野史说他瞎了一只眼。

正军师西王萧朝贵，“面貌凶恶，性情猛悍”。偶尔杨秀清也赏给他一机会，也让他说天父附体，来至于饿别人。他与湘军战斗，被大炮轰击身死。

副军师南王冯云山，是广西桂平的一位乡村教师，懂得星象，对天主教的理解，也较合常例。他长得比其他人要清秀一些。他在率领部队攻打全州时，被清军以滚烫的桐油稀饭从城头浇下而烫死。

副军师北王韦昌辉，“身材瘦小，白面高颧，须眉疏秀，颇知文义，阴柔奸险”。他家是当地富商，捐献了几万银两给洪、杨，得以入伙。此公封王之后，竟要他的亲生父亲向他下跪，喊他三千岁，他也恬然受之不为耻。盖此人以为亲生父亲是肉父，而其是天父之子，可以受跪，真是刁民之所以为刁民也。历史学家写天京内讧，谓之疯狗；因他是执行人，是作为天王工具的刀枪。

左军主将翼王石达开，“身材长大，黑面高颧，微龇多发，目有凶光”，为人相当鄙陋凶悍。他家也很富裕，捐献十万金，入伙为骨干。湘军视他为铜臭小儿。他有一个特点，每见杨秀清发疯，诡称天父附体，造谣惑众时，他都深信不疑，且惶恐流汗，激动难以抑制。

就共同的特点而言，这一群体的人长相多黑面孔，高颧骨，须髯或稀疏或密集，目有凶光，鼻子大则大得过分，嘴唇厚则厚如猪，嘴巴臭则臭如厕，毛发凌乱，气息粗鄙。他们多性情凶悍，不通或略通文墨，为人苛酷，奸险莫测，鱼肉乡党，最后在他们这一帮人的乱闹之下，文恬武嬉，百事坠废。

陈玉成,也有的记述认为他是俊美少年。赵烈文《能静居士日记》说他“貌甚秀美,绝无杀气”。胜保的幕僚写“貌极秀美,长不逾中人，吐属极风雅，谙历代兵史，侃侃而谈，旁若无人”。老外说得更过分：“……在我见过的中国人里面，他们两人算最漂亮的了”（《太平天国亲历记》）。

李秀成被俘后关在笼子里，曾国荃因为弟兄死伤极多，对他恨之入骨，竟然走近笼子用妇女纳鞋底的锥子刺他的屁股，奇痛锥心，他却很冷静地说，老九，个人事个人担，何必出此！他是太平天国结束期的见证人物。他用自己的生命为此做了长长的注脚。天国人物中，他留下了一幅画像。他从这幅小小的炭笔画像中冷露无声般地望着后人。他的面容透露幽深的神情，似乎包含尽多的幽怨，又似乎无怨无悔，似欲倾诉，亦似在倾听。

顺便说说天王的诗歌“作品”：

一般帝王，即使凶狠暴虐，也还可以不去惹他，此所谓惹不起，躲得起；因其意义在管制人的身体行为，所以古人颇有依托山庄别业，轻轻松松过了一辈子的。另同样一种教主性质的人物，那就躲也躲不起了。秦始皇不特收天下兵器，铸为金人十二，他还更有损招，即是烧书，即是清剿人们的思想。那可就不只是瞩目人的“身体语言”，更密切注释人的“意识形态”了。清代晚期的洪秀全洪天王洪教主，就更是受了一种变态的“激情催化”，不特“经史诗书尽日烧，敢将孔孟横称妖”，更恨不得将人的“脑髓”、“思想”抽空团聚起来,由其“严加看管”。他一方面烧书——要将人的思想“漂白”，另一方面又意欲将他莫名其妙的天王“诗文”塞进他人的脑袋，给天下人的思想“抹黑”。他写了几百篇这样的诗歌、文章。今日读来，更叫人啼笑皆非。如：“人妖分别在真假，假些是妖真是人。假些极贱真极贵，假些该砍真该升。”“一个作校是妖魔，一个认真跟爷哥。天大福气在遵旨，敬天敬主威风多。”又如：“自今为妈不虔诚，大犯天条须奏明。为二怠慢也一样，见病不理不饶情。”俱引自近代史资料丛书的《天父诗》。

读这样的诗，真是“大白天活见鬼”，谈什么“意境”、“格调”、“比兴”……那是自讨没趣。他的整部诗作五百首，没有一首不是这样的呓语、谵言、发烧者的怪话，神经错乱的不经之谈。唐德刚先生以为知识分子对其望望然而去的重要原因，即是“天王”的文字，“其荒诞固无待言，其鄙俚之辞，亦酸人骨髓——哪个张良、陈平、王安石……吃得消呢？”洪天王这个既无文采更无学问的土塾师，本来他自己对自己都是大有“信心危机”的，再加上为了他的“政治股票”的上涨，乃对自身未解决的心理问题“强行平仓”，结果“怪力乱神”变着法子来妖言惑众，从佛、道、耶稣中乱摘词汇和偶像，愚夫愚妇或有顶礼膜拜者。而这样的胡来胡扯，哪个知识分子愿意或者敢于向他“看齐”呢？所以能跑的都跑了。最可怜的是四凶专权时代，半吊子的野心文人肆虐华夏，没谁有能力牵制其妄为，左道旁门猖獗，样板戏类“文艺创作”独尊，士类荼毒，宗社丘墟，只有极少数的智识者如马思聪等侥幸跑开，其余死的死伤的伤，无复人样了。

李秀成是悲壮剧情里的主角。他读书不多，但他那种知其不可为而为之的精神，也曾让强敌低首下心。他是这样一副面貌：不贪、不酸、不怪、不作态；凄婉茫然的神情透露着他的大义孤忠。在太平天国人物中，他是最后年月的擎天之柱，也最得后世推许。

洪秀全读书，根本不通，大抵有神经障碍。或许正因他是一个不第的举子，才有他那一段儿戏。汉高祖拿了儒冠当尿壶，是战马上得天下的人物，行为狠酷；洪秀全则是贪酷之外，还有难以忍受的酸气。

石达开曾说："作成了是了不得，作不成是不得了。"他的相貌并不具有亲和力，但他有所担当这一点，为他在后世赢得了好感。民初南社诗人伪造他的日记、旧诗，文采斐然，那就把他作了一个理想的化身了。他作为一悲剧英雄，在大渡河陷如绝境，他也就黄袍黄盖慨然走入包围圈，做汉子到底。

"英雄气短，儿女情长。"男人们酒足饭饱之后，心思便全在美人身上。市井草民如是，帝王天子亦然，他们往往因贪恋美色而误了锦绣前程。周幽王"烽火戏诸侯"，只是为了美人褒姒的"千金一笑"，终至国破身亡，为大戎所灭。唐玄宗本来也还不错，但遇到杨贵妃而翻船，他过不了这一关。落第秀才洪秀全打着"天王"的旗号，要为平民百姓打出个太平世界，但南京一称王，他与历代君王的区别，仅仅是把三宫六院七十二妃变成了四宫八院八十二妃。

袁世凯虽欲做皇帝，但他也颇为优柔寡断。他一直用"予"而从来不敢用"朕"自称，世人笑他，干得不痛快，死得也不痛快。

袁世凯的长相，整体来看，是矮胖颟顸，一副愚顽不堪的样子。他自己曾经给孙中山先生说，北洋军人都是些老粗，蛮得很，这是不打自招。他本人就是粗人的典型。自然，表面的粗陋不影响他的心性的阴损灰暗。从他的面目来讲，是口鼻粗疏，好像没有发育完整的样子；如果是雕塑，竟让人想给他拿捏一下，以期变得合理一些。他的眼睛，不是太小，但很浑浊，明晰透露他混沌无灵的内心。面庞的肉路结构多横生，说明其冥顽不化的心性，难以被任何忠言所扭转或感化。这是很明显的顽固的面相。

袁世凯为人卑鄙，由临时大总统到正式大总统进而终身大总统。他尚不满足，当皇帝的心思又起来了。其子袁克定热衷帝制。他虽然是个瘸子但野心勃勃。作为嫡长子，他认为父亲称帝后，“太子”非他莫属，将来可以继承帝位。当时虽然压制得法，但反对帝制的声浪尚高，包括销量很大的《顺天时报》也有不少反对帝制的舆论。袁克定自然十分忧惧。但此公馊主意也多，竟然纠合一班人马伪造了一份假的《顺天时报》，版式报头一模一样，文章内容自然是皇上圣明之类。袁世凯真的信了。袁氏不愿意和谭嗣同等变法人物共襄大举，乃性情使然。他虽有对历史上下其手的本事，脐带却连着帝王思想的脾脏；虽然“力能翻江倒海”，终于“性喜鼠窃狗偷”；时而“作威”，时而“作福”，本与变法或“异议”的价值选择无关，乃生活习性而已。

戊戌变法前，谭嗣同夜访袁世凯，策动他起兵勤王，后来袁告了密。

政变的导火线多谓由于袁世凯的告密。据袁自言，他于9月20日下午返抵天津，仅向荣禄略述内情，并说皇上圣孝，实无他意，但有群小结党煽惑，谋危宗社，罪实在下。“第二天即政变之日，始对荣禄备述详细情形”。即使如此，20日下午所谈，已足以令荣禄明白一切，袁为自身利害，不仅不听从新党之议，冒此大险，且欲向对方邀功。

谭嗣同则是晚清时节国家民族的天生英俊，身材并不高岸，但是面容坚实，神色清爽，性情刚决，气量如山。

项羽名籍，羽乃其字。他是个破釜沉舟的人，失败了，就毫不犹豫地自杀。《史记·项羽本纪》载：秦始皇帝游会稽，渡浙江，（项）梁与籍俱观。籍曰："彼可取而代也。"梁掩其口，曰："毋妄言，族矣！"梁以此奇籍。籍长八尺余，力能扛鼎，才气过人，虽吴中子弟皆已惮籍矣……太史公曰：吾闻之周生曰"舜目盖重瞳子"，又闻项羽亦重瞳子。羽岂其苗裔邪？何兴之暴也！夫秦失其政，陈涉首难，豪杰蜂起，相与并争，不可胜数。然羽非有尺寸，乘势起陇亩之中，三年，遂将五诸侯灭秦，分裂天下，而封王侯，政由羽出，号为"霸王"，位虽不终，近古以来未尝有也。及羽背关怀楚，放逐义帝而自立，怨王侯叛己，难矣。自矜功伐，奋其私智而不师古，谓霸王之业，欲以力征经营天下，五年卒亡其国，身死东城，尚不觉寤而不自责，过矣。乃引"天亡我，非用兵之罪也"，岂不谬哉！

鳄鱼的眼泪，比喻假慈悲，好像猫哭老鼠一样。它的眼睛外努，龇牙咧嘴，头部像放大无数倍的癞蛤蟆，加上它富有攻击力的下巴肌肉，人见而恶之，所以韩愈要诅咒它"其率丑类徙于南海"。鳄鱼的相貌是丑不可堪言的了。但较之人类，它是丑在明处。人中之鳄，那才真正可怖呢，道貌岸然者，也会借助鳄鱼的眼泪，来祸害同类。他们外貌的伪装性，令人防不胜防。

# 第四章

门神与帝王的异相——异相异事，愚民——旧时选拔人物衡量相貌——五形面相是个筐——麻衣相法的五种基本面形——解析曾国藩的相人术——眼睛，面相，骨相，体型——曾国藩的精彩论述——相人专家被欺骗——形体各部位乃相貌的外延，头部、高矮、臀部、手指——相由心生——滑稽的角色转变：他人眼中的心理相貌——相貌不能移植——《巴黎圣母院》：相貌与心地，人物外貌的符号作用——民国相书撮要，女人的恶相，淫相，还有善相——忽略相貌观察的悲剧——提请注意：男女相貌与恶性情的勾画

*

旧时候，中国民间贴画门神，风俗遍布南北。门神的主角，是两位分别叫做神荼、郁垒的土神。他们两个的相貌十分的怪异凶狠——这又是为什么呢？门神本来是要保护大家的呀！原来古人相信，离奇的相貌和淳朴的心地、神奇的禀性及不凡的本领相结合。门神的相貌尽管狰狞，但是对人的生存有保证。他们具有捉鬼擒魔的本分，也有这种天性。民间风行的捉鬼天师钟馗，即是此种形象。

陈后主陈叔宝害怕隋文帝杨坚。而隋文帝也是异相之人，《资治通鉴》卷一百七十五："（至德元年）十一月，（陈后主陈叔宝）遣散骑常侍周坟、通直散骑常侍袁彦聘于隋。帝闻隋主（杨坚）状貌异人，使彦画像而归。帝见，大骇曰：'吾不欲见此人！'亟命屏之。"陈叔宝最后为杨坚的部队所俘虏，当了亡国奴。这个南北朝时陈朝的软蛋皇帝，其实早就因杨坚的相貌而引发恐惧。怎么回事呢？《隋书》卷一《高祖纪上》："皇妣吕氏，以大统七年六月癸丑夜，生高祖于冯翊般若寺，紫气充庭。有尼来自河东，谓皇妣曰：'此儿所从来甚异，不可于俗间处之。'尼将高祖舍于别馆，躬自抚养。皇妣尝抱高祖，忽见头上角出，遍体鳞起。皇妣大骇，坠高祖于地。尼自外入见曰：'已惊我儿，致令晚得天下。'为人龙颜，额上有五柱入顶，目光外射，有文在手曰'王'。长上短下，沈深严重。"

可见，杨坚的相貌之奇异有几方面：一是额头外突，并有五个隆起的筋肉从额头直插到头顶上。二是下颌曲里拐弯。三是眼光外射，很不安分。四是掌中纹路形成一个“王”字。总的来说是上身长，下身短。他这副尊容，方出生之际就把他的妈妈吕氏大大地吓着了。头上角起，更是奇形怪状。帝王的心性，总是要占社会的先机，今人以为奇丑，在那时却变异出多少说辞来。相书上以为大富大贵。筋肉从额头跑到头盖骨，形成肉柱子，反而成了龙颜的象征，所谓“帝王之表”。他们有了那个心，有了那个力，玩弄了社会并征服了其他的社会势力，于是相貌的种种丑陋之处，也成了全国人民顶礼膜拜的对象了。其愚民一至于此。

隋唐时期以科举制度选拔官吏，在此以前选拔官吏的办法是察举。两汉至魏晋南朝，察举之法，有它的根据，那就是，第一条识鉴，第二条门阀，第三条名望。识鉴是什么呢？实际上就是从人的相面来初步衡量其才识气质。魏晋南北朝时期，品藻人物成一时风气，有“月旦评”一说，既评说历史人物，也着眼当下。论曹操：“子清平之奸贼，乱世之英雄也。”评孔融：“孔文举金性太多，木性不足，背阴向阳，雄倬孤立。”

三国时候的魏国官员刘邵，学识驳杂。他擅长观察人物体性。著《人物志》一书，探讨选拔人才的方方面面。《人物志》云：“品人物则由形所显观心所蕴。人物之本出于情性。情性之理玄而难察。然人禀阴阳以立性，体五行而著形。苟有形质，犹可即而求之。故识鉴人伦，相其外而知其中，察其章以推其微。就人之形容声色情味而知其才性。”着眼在人的性情、才能、形象、气质等方面。

春秋时代，有许多大夫，仅凭观察一个人的言行举止，就能推测其人的吉凶祸福，并且非常准确。这种事在《左传》《国语》诸书里，都有许多记载。

一般来说，一个人的吉凶征兆，发源于人的内心，而表现于人之外表。凡是相貌仁慈敦厚，行事稳重之人，大都能获福；相呈刻薄，行为轻佻者，大都近祸，绝对没有所谓吉凶未定，渺不可测的道理。古人对相貌，有很固执的第一印象。古刻本不睡居士著《枕上晨钟》写一个叫做刁仁的江湖之士，容貌有异，“蛇头鼠目，面似橘皮，鹰嘴鼻，连腮胡，满面凶恶不好看，开口软淡甘如蜜”；又写他的妻子，也不像良家体格。这样的容貌，古人以为是损人利己，奸盗诈伪那一型的。擅长阴布牢笼，阳施谄媚。古人给他们定位：谓他狼虎而不足，加之蛇蝎则有余。

《麻衣相法》中，有关外貌的五种形象，此就大致而言是这样的，因其为有一定概念的分类法。它就像一个箩筐，或装入东西，或取出东西，不断地增加经验，形成更接近真实的判断。

金形人：轻小而尖，方而正，形短谓之不足，内坚谓之有余。他们是骨坚肉实，缺点是形貌局促不舒展。

木形人：昂藏而瘦，挺直而长。露节，头隆而额耸。他们仪态轩昂挺拔，缺点是瘦弱意志不坚。

水形人：起而肥，阔而厚，形附而朝下，其形真也。他们脸形圆满，眉眼粗大。缺点是肉多臃肿，不辅枝干。

火形人：上尖而下阔，上锐下丰。其性躁急腾上，色赤，火形之真也。额窄颌宽，性情急躁。缺点是五官太露，不善形象思维。

土形人：肥大敦厚，背高皮实，项短头圆，声洪，骨肉全实。

这类人较壮实，五官大，仪态安详，城府深刻。缺点是才智平平，情感淡漠，待人尚算宽厚。

当然，相书上就典型而言，大千世界，事实上是兼形人多，即兼有五种形状的两种或多种混合；但古人以为，为纯形者命较佳。兼形如果兼到彼此相生相辅，则吉；反之，则否。

中国相面之术后来分作二途；一曰“江湖派”，二曰“文士派”。文士派承袭了古人识鉴之法，近代以曾国藩为其集大成者。国学家南怀瑾先生，在其《论语别裁》一书中写道：“有人说，清代中兴名臣曾国藩有十三套学问，流传下来的只有一套——《曾国藩家书》。其实传下来有的两套，另一套是曾国藩看相的学问——《冰鉴》这一部书。”

与江湖派的重感性、走偏门不同，曾国藩《冰鉴》一书，基本上是以阴阳五行理论为其理论根据的。《清史稿》上记述曾国藩的相貌：“国藩为人威重，美须髯，目三角有棱。每对客，注视移时不语，见者悚然。退则记其优劣，无或爽者。”

曾国藩相术口诀：

一

邪正看眼鼻

真假看嘴唇

功名看气概

富贵看精神

主意看指爪

风波看脚筋

若要看条理
全在语言中

二
端庄厚重是贵相
谦卑含容是贵相
事有归着是富相
心存济物是富相

——这是他的相学的总论。后世一般对他的《曾国藩家书》推崇得不得了。其实他的相学名著《冰鉴》，自生活精心观察，又以他的硕学鸿才加以勾兑，讲究从动态中把握人的精神，兼具感性和理性，也有相当的辩证法道理在里头。曾国藩论相，兹撮要简介。首先论神骨，他以为，“一身精神，具乎两目。一身骨相，具乎面目”。

卡西尔的《人论》以为，人是一种符号的动物。不错，人既是创造个种符号以记事述理，同时，人本身也是一种符号。就形的角度讲，符号就是相貌，也即是生命的外在表征。所以，相貌是一种生命符号。曾国藩讲面目体现全身的信息，而眼睛是一切的焦点。

关于面目的颜色，他说：“面以青为贵，紫次之，白斯下矣。”这是颜色，这在美术上是属于冷色调的范围，冷则沉稳，冷则不跳，冷则不浮。

至于头骨的骨相：“头上无恶骨，面佳不如头佳。”头脑是思维的载体，由此来分别贵贱。这是面相的延伸，也是大处着眼。古相书《截相法》说：“好头不如好面，好面不如好身。”似乎和他的意思相反，意在强调身材，这较符合今天的女性时尚。但曾国藩时代，还更看重头、面。

面相体现出来的刚柔气息怎么样呢？曾国藩说："喜高怒重，过目辄忘，近粗；伏亦不伉，跳亦不扬，近蠢；初念甚浅，转念甚深，近奸。"这是不及常情，或大过常情，都属于问题面相。

曾国藩强调面庞和身体的关系，两者相顾盼，相匀称，也即是和谐，那么，就具备基本的福气了。如果结构乖离，那就是下相。这实际是在强调整体感。所以他说"容貌贵整,短不豕蹲,长不茅立，肥不熊餐，瘦不寒鹊，所谓整也。五短多贵，两大不扬，负重高官，鼠行好利。"这是说，整体应是和谐有致，矮到像猪一样蹲着，高得像茅草一样摇摆，胖到吃食的熊一样臃肿，瘦到像惊霜的寒鹊一样，都是明显的不和谐,即不"整",这些都是先天的不足。大致情形之外，要注意区别异相,那就是"貌有清、奇、古、秀之别",是指精神的清雅，朴茂，奇伟，秀美等等。这和一般的端庄又不同一些，这更多体现在精神的层面。关于面目上重要的部位:"目不深则不清，鼻不高则不灵，口阔而方钟千禄，齿多而圆不家食。"这是佳相的基本条件。

曾国藩的精彩论述：

容貌者，骨之余；常佐骨之不足。情态者，神之余；常佐神之不足。久注观人精神，乍见观人情态。大家举止，羞涩亦佳。小儿行藏，跳叫愈失。大旨亦辨清浊，细处秉论取舍。

人有弱态，有狂态，有疏懒态，有周旋态。飞鸟依人，情致婉转，此弱态也。不衫不履，旁若无人，此狂态也。坐止自如，问答随意，此懒态也。饰其中机，不苟言笑，察言观色，趋吉避凶，此周旋态也。皆根其情，不由矫枉。弱而不媚，狂而不哗，疏懒而真诚，周旋而健举，皆能成器。反此，败类也。大概亦得二三矣。

前者恒态，又有时态。方有对谈，神忽他往；众方称言，此独冷笑；深险难近，不足与论情。言不必当，极口称是，未交此人，故意诋毁；卑庸可耻，不足与论事。漫无可否，临事迟回；不甚关情，亦为堕泪；妇人之仁，不足与谈心。三者不必定人终身。反此以求，可以交天下士。

须眉男子，未有须眉不具，可称男子者。“少年两道眉，临老一林须。”此言眉主早成，须主晚运也。然而紫而无须自贵，暴腮缺须亦荣。郭令公半部不全，霍骠骁一副寡脸。此等间逢。毕竟有须眉者，十之九也。

眉尚彩，彩者，杪处反光也。贵人有三层彩，有一二层者。所谓“文明气象”，宜疏爽不宜凝滞。一望有乘风翔舞之势，上也。如泼墨者最下。倒竖者上也，下垂者最下；长有起伏，短有神气；浓忌浮光，淡忌枯索；如剑者掌兵权，如帚者赴法场。

个中亦有征范，不可不辨。他如压眼不利，散乱多忧，细而带媚，粗而无文，最是下乘。

须有多寡，取其与眉相称。多者宜清、宜疏、宜缩、宜参差不齐。少者宜光、宜健、宜圆、宜有情照顾。卷如螺纹，聪明豁达；长如解索，风流荣显；劲如张戟，位高权重；亮若银条，早登廊庙，皆官途大器。紫须剑眉，声音洪壮；蓬然虬乱，尝见耳后；配以神骨清奇，不千里封侯，亦十年拜相。

声与音不同。声主“张”，寻发处见；音主“敛”，寻歇处见。辨声之法，必辨喜怒哀乐：喜如折竹当风，怒如阴雷起地，哀如石击薄冰，乐如雪舞风前。大概以“清”为主。声雄者，如钟则贵，如锣则贱。声雌者，如雉鸣则贵，如蛙鸣则贱。远听声雄，近听悠扬，起若乘风，止如拍琴，上上。“大言不张唇，细言若无齿”，上也。出而不返，荒郊牛鸣；急而不达，深夜鼠嚼；或字句相连，喋喋利口；或齿喉隔断，喈喈混谈；市井之夫，何足比较？

音者，声之余也。与声相去不远，此则从细处曲中见。贫贱者有声无音，尖巧者有音无声，所谓“禽无声，兽无音”是也。闲谈多含情，话终多余响，不唯雅人，兼称国士。

曾国藩著有《冰鉴》一书。无疑他是相学专家。只要不走如麻衣相法的魔道，结合人的言行，用冷静的头脑观察，那么考察一个人的大概，也不是不可能的。这叫做“视其所以，观其所由，察其所安”。但张恨水先生有一篇笔记文字，就是写曾国藩自信能相人、却掉以轻心的故事：曾国藩住安庆时，月夜出游，深谷无人，曲径通幽，遥闻丁玲之声。随声往，则竹篱茅舍中，藏书满架，一文士依几弹琴。与之语，铸经熔史，俨然一大儒。曾国藩问何不出为苍生？文士笑而不答。曾乃强邀之出，款为上宾。不数日，骗数千金而去。

还有辜鸿铭《张文襄幕府纪闻》卷上，记述他对曾国藩的看法，大节方面固赞之，而对其治世的细节也有不满意的地方。或问：“于何处可以见曾文正陋处？”余曰：“看南京制台衙门规模之笨拙，工料之粗率，大而无当，即可知曾文正公之陋处也。”

曾氏对人的相貌研究鞭辟入里，自成系统，而其对衙门的“外貌”却不甚在意，这也是一种顾此失彼的疏漏，所以辜鸿铭就在这些细节上挑他的刺了。想来建筑的外在就是它的外貌，粗率笨拙，也会影响到人的精神风貌呢。

这个故事放大来看，则在世事中常见，也极有醒世价值。比看“相”要深一层的是看“心”；然而，谈何容易。这就是怪事，譬如清代大词人纳兰性德，他的风度，是何等的凄清深婉，仿佛神行于空，为人是那样的正派律己。可是他的爸爸明珠，却是清代有名的大贪官大权奸，贪贿作恶的程度仅次于和珅。他却养育了纳兰这样一个小孩，真要叫人大跌眼镜。

形体各部位乃相貌的外延。

头部和大脑。民国时期的大军事家蒋百里先生，教育他幼年的孩子，很推崇巴尔扎克，说他的脑袋很大，脑力特别的发达；这是常态。也有头大而其蠢如猪的，那是因为“皮厚馅少”（脑髓容量小）。中世纪的西方物理学家相信巫婆通常是老年妇女，性情忧郁，大脑很小。这样的人很容易消沉，对上帝的信心不足；所以魔鬼拿幻影来打动、欺骗她们，往往轻易得逞。她们也每每大惑不解，连根本没有做过的事情也承认了。头部也是相貌的重要组成。头部与身体不成比例，太小或太大，都会偏离到丑陋的歧路上去。大脑太小，与智慧无缘，其本性就更接近动物，在世道中接触，令人受到双重丑陋的折磨。

身体的高矮。过高或过矮，都会在相貌的平均值上增加负数，另外，细瘦如竹竿或臃肿如水桶，都与人类审美的选择背离。

臀部。心理学的研究证明，女人的臀部对男人而言具有性信号的特征。据说观察女人的臀部，可以测算女人的生殖能力。比较奇怪的是，清代以尺牍著名的《秋水轩尺牍》的作者许葭村，他一面哀叹北方女人臀部过大，一面又埋怨她们粗疏，不够他养育后代的条件；所以审美一事，在个体的眼光下，实在是很难将就的。

手指。《参考消息》转述德国科学家的发现，手指和相貌的吸引力有着密切的联系；越对称的脸越有吸引力，手指则与面容的美丑成正比。一般因为激素的关系，男性的无名指都超过食指的长度，而女性则相反。手指的长度和浑厚或干枯，也关系到吸引力的大小。

还有上身太长，腿部较短；女性胸部平坦、男性背部佝偻等等，都造成相貌的失分。在现当代的化装术，也都前进到顾及全身的地步，用服装、垫肩、整容、义臀、义乳……来补救的比比皆是。种种补救方式可以使审美的忧愁淡化一时，但真相一旦揭开，给对方造成的失望，也将是毁灭性的。时尚是一种刺激，设计师、美容师尽管绞尽脑汁地运作，但他们无论怎样努力，也无法改变自然的约定、造化的安排。补救或外饰的美，可远观，难以近赏；可短期，难以长久。

有一则逸事说，林肯当选美国总统，当时幕僚建议一件人事案，总统当下否定。幕僚不解总统的决定，林肯便回答："一个人到了四十岁，要为自己的面相负责。"这则小故事，寓含深远的道理。另外，林肯爱憎分明，他不喜欢的长相，便拒绝交往，绝不苟且，也绝不弯曲。

所谓"相由心生"，一个人的面貌，与内心世界是两面一体的关系；心理活动可以在潜移默化中改变人的相貌。

"入门休问荣枯事，观看容颜便得知。""问贵在五官，问富在六府。"旧时候的相学自有它一定的道理，以阴阳、五行之刑冲会合相生相克定大局。相法最高境界是以形、神、意、气四个阶段来论，缺一不可，精确程度达到百分之七十以上。

在熟识的人当中，个人的行为会加深他人对外貌的印象。19 世纪的法国名女作家乔治桑，在她的熟人看来，外貌气质就是“一只盛满墨水的大母牛”。什么原因呢？她的创作力相当的旺盛，可以同时写作两部小说。在创作期间，她也不耽误谈情说爱，还不会少抽一口香烟。她刚刚结婚就和邻居偷情，精力充沛，生活放荡，她跟当时的大艺术家肖邦、福楼拜、缪塞等都有绯闻。

18 世纪的英国旅行家赫斯特夫人，对占星术大有兴趣。她多年的积累，令她可以根据人体构造来预测人的性格和能力。她认为性格信息是从脸部特征、头部、身体和四肢的形状得来。

凯瑟琳有许多作品，也都是赤裸裸地探讨人性的故事。小说《雅各是我所爱的》描绘一个苦涩的青春故事，关于一对异卵双生姐妹成长经历，相貌在这里起作用了——从小生长在小渔村保守的基督教家庭，妹妹多才多艺、美丽大方又善解人意；相貌平庸的姐姐则是全书灵魂人物，自幼就活在妹妹的阴影之下，养成孤僻善妒、暴躁易怒的个性。熟稔经文的老祖母，却活像个老巫婆，经常引用“我爱雅各，恶以扫”这类经文，冷嘲热讽，一句句像利刃般砍得孙女遍体鳞伤。后来，竟连青梅竹马和她一起捉螃蟹长大的邻居男孩，也娶了妹妹为妻。女主角的世界几乎崩溃。她想逃离这个家。她自我弃绝，甚至责怪掌控她命运的神，最后，干脆连教会和主日学也拒上了。

不论长得如何都要受到的调侃。

美国资深参议员米契·麦康诺，前些年进医院做心脏血管绕道手术，引起夜晚娱乐节目 The Tonight Show 的主持人 Jay Leno 说了一个笑话。他说："共和党议员在接任重任之前，都要进医院做心脏手术，给他一颗心。"过去娱乐节目说这样的笑话，大家一笑了之；但是这一天，台下嘘声四起，大异从前。于是主持人再说下去："这和民主党一样，他们在担负重任前，要做手术装一个脑子。"大家才释然地齐声大笑起来。

这是因为他们对人性不信任，不抱浅薄的信心，因而要有政党轮替，要有在野党的虎视眈眈和舆论的监督等措施。民众或舆论界对政治人物有一种心理脸谱，那就是不管他们实际长得如何，他们在观众心中自有一种潜伏的固执的形象；或与实际形象有相当大的出入，但不影响他们的看法。此谓之心理脸谱。法国总统希拉克，虽然不是很英俊的人物，但也不是零落迟暮的衰相；可是，当 2003 年春天，他因为明确表示反对美国打击伊拉克，惹火了美国媒体。报纸资深评论家意味深长地回忆当年诺曼底登陆，美国为法国作出了重大牺牲；然而，今天需要法国的时候，他们却做了缩头乌龟。《华尔街日报》更将希拉克之神态形容为"咆哮的老鼠"（《南方周末》，2003 年 2 月 13 日），用这个形象来指代其懦弱、忘恩负义和狡猾。那一段时间，在全美朝野沸沸扬扬讨论进攻伊拉克问题，美国媒体对两个反对攻击伊拉克的国家——德国和法国——抨击得非常厉害。《纽约邮报》某天的封面上，登了一幅联合国成员国开会的照片，其中法、德两国代表的头颅，被换成黄鼠狼的头。德国人一般被画成个笨笨的、大腹便便拿着啤酒杯傻笑的秃头老汉；尽管傻了点，却并不惹人讨厌。而法国人，则被漫画家们丑化成一个尖嘴猴腮、獐头鼠目、鬼鬼祟祟的小人。那副形象，分明写着自私、狭小、怯懦、狡猾、不负责任以及不懂装懂。坚定的一方对观点不同的“战友”的怒火远胜于对敌人的仇恨。如果在道义等原则上发生冲突，则导致越来越看不顺眼——长得未必如此，而在他人心中，却未必不如此。

《儒林外史》第三回胡屠户先是呵斥女婿范进“也该撒尿自照”，等到小范科考有成，他马上赞誉“小婿这等相貌”。社会的势力，人性本身的可悲为市侩的标准所左右，相貌的好恶竟发生如此大的差异，这是心理相貌品评的典型例子了。心理相貌有时是社会的悲哀，有时是人心想当然的习惯情理。

贾宝玉虽然应世的能力很低，甚至根本为零，但他爱美的心理一样强烈。不过，其选择性大过普通人的想象。而且，他老兄对女性相貌的感觉顽固地和她们的性情、人生观紧密结合在一起；如果话不中听，拂逆了他的本意，那么，即便阁下倾城倾国、风姿绝秀，那也不入他的法眼。因此他对相貌的衡量，是以他的主观心理为第一标准的。《红楼梦》第三十二回有一段湘云和宝玉的对话，湘云劝宝玉：“如今大了，你就不愿读书去考举人、进士的，也该常常的会会这些为官做宰的人们，谈谈讲讲些仕途经济的学问，也好将来应酬世务……”宝玉听了，马上对湘云下逐客令：“姑娘请别的姊妹屋里坐坐，我这里仔细污了你知经济学问的。”一旁的袭人连忙举前例为证，说宝钗也曾如此劝过宝玉，宝玉又如何给宝钗难堪，又说：“幸而是宝姑娘，那要是林姑娘，不知又闹到怎么样、哭得怎么样呢！”袭人拿宝钗和黛玉相比，并且称赞宝钗“有涵养、心地宽大”。可是宝玉对“仕途经济”打从心里地深恶痛绝，所以宝钗和湘云这种被世俗所认为是女性应有的美德与言行，在宝玉的观念里不但一文不值，更成了他眼里的“国贼禄鬼之流”。也正因为黛玉从来不提这些

“混账话”，所以黛玉在宝玉心目中的地位始终无人可比。

少女相貌越长越像是因为“相貌移植”？本来就像还是移植来的？某报记者约了周女孩，周踏进楠女孩的家。一进门，周女孩便指着脸颊打趣：“楠女孩呀，你看看，以前我从不长痘痘，现在连位置都和你的一样啦！”在上海几对“越长越像”的骨髓移植供患者中，这两位女孩是年龄相差最小的同性，因而“相貌”最具可比性。无巧不成缘。几年前，周女孩被确诊为白血病，在与父母、哥哥骨髓配型失败之后，竟然与仅十万分之一概率的陌生人楠女孩配型成功了。也许本来长得像？接受骨髓移植的周女孩，拿出几张术前的照片让记者对照，难怪说像——长脸已经变圆脸。再看楠女孩，天生一张圆圆脸。

关于此事情，记者询问复旦大学遗传学专家，该人认为，相貌移植绝无可能。什么基因导致什么变化，相貌与骨髓移植，风马牛不相及。专家以为，虽然说人的相貌具体由什么遗传基因决定的，遗传学还未完全弄清楚，但可以肯定的是，相貌受遗传背景控制，涉及皮肤、骨骼、毛发等上百种细胞类型及其空间结构，是个相当复杂的多基因性状。而骨髓移植，主要为了将造血干细胞输给患者，以重建造血功能，这些都只能在血液中表达，怎么可能改变相貌呢？实在难以想象这个通道怎么建立。那么，对于上述病人的例子，该如何解释？专家认为也许是巧合，也许根本就是心理假象。

在《巴黎圣母院》中，雨果用他那奇崛的文笔讲述了中世纪黑暗时代的悲剧性故事：

吉卜赛跳舞女郎爱斯美拉达美丽迷人。她来到了巴黎，引发了一场震撼人心的轩然大波。道貌岸然的伪君子副主教克洛德企图利用邪恶的手段得到她，而姑娘却心仪年轻的御前侍卫队长孚比斯。在孚比斯和爱斯美拉达的幽会中，克洛德跟踪，见卫队长和姑娘拥抱，妒火中烧，竟出匕首而刺杀之。卫队长死，杀手逍遥法外，而美人爱斯美拉达却被教会法庭送上绞刑台。不料，相貌极其丑陋的巴黎圣母院敲钟人卡西莫多从行刑队救出这美女，藏在具有避难权的巴黎圣母院。这个文学人物中最丑的人，潜心照顾爱斯美拉达的饮食起居。这时，克洛德仍在打美女的主意，但姑娘宁死不从，难以得手。克洛德勾结司法机关大理寺破坏圣殿避难权，最终把可怜的吉卜赛女郎送上绞刑台处以极刑。深爱着爱斯美拉达的卡西莫多怒不可遏，将克洛德从圣母院钟楼高处推下，仿佛一块脱落了的瓦片，坠落两百多尺重重摔死。大约两年以后，人们在鹰山地穴犯人墓地中发现了卡西莫多和爱斯美拉达搂抱着的骷髅。在这个故事中，美貌是所有情节推动的原动力，女郎则是不由自主的发动机，他们爱得疯狂痴迷、灵魂骚动如海上波涛，正义和邪恶纠缠纯洁和淫邪并存，各式样的爱情鲜血斑斓。随着各种情欲的显现，各种式样的相貌也随机凸显出来：主教是阴沉阴森阴险阴损，他虚伪应世的帷幕强击机一样打击他的心灵；历年积累，他的相貌已经是“庭院深深深几许”了，世故不通如少不更事者，当见而畏惧之。卫队长外表英俊，实则金玉其外，败絮其中，粗鄙龌龊。吉卜赛女郎面容深情纯正，线条柔和而分明，具有极完美的比例，所以主教一见之下要犯罪；撞钟人看见她的第一眼，就已经把生命交在了她的手里，甘愿随时为之献出一切。圣母院敲钟人则又驼、又瞎、又跛、又聋，为尘世罕见的丑八怪；但他却有正大的奉献之诚，和道德沦丧的卫道士形成对立的两极。他曾经在夜里高唱着一支忧伤的古歌谣：“……唉，说这些有什么用！难看的人原不该出生，美貌只能爱美貌，阳春不理睬寒冬……”美女和野兽的爱情，若是相对于才子佳人的爱情故事，那就是一种不对称的爱情，反差特别大。吉卜赛女郎被绞死后，敲钟人得遂所愿，但他怀抱的只能是一具干冷的枯骨。这里就有对爱的变形荒诞的感动，也自有震撼人心的超凡脱俗。雨果的笔墨，同时也揭示，心地与相貌，往往是相反的呈现方式。

某类女人说话多于思考，唠叨多于做事，无聊多于涵养，喜欢飞短流长。而阿拉伯的谚语说，两个女人的闲言碎语可以毁坏一栋大楼。其推理能力相当的贫弱，也无法理解办事要靠原则。其所说也缺乏连贯性，这种劣根性或可称为“逻辑白痴”。这类女人有天使一样的外表，蛇一样的心肠，驴一样的头脑。她们或要到死后才长智齿。

英国当代小说家乔伊斯·卡里的《马嘴》第八章有谓“撒娜可以一面与人通奸，一面为自己所犯的罪过哭泣；并同时享受这两种工作的快乐感觉”。

女人不论漂亮与否，一般而言没有哪个爱丈夫的妇女会希望篡夺他的权力；但是那些虚荣心难以满足的妇女，就会执迷于政治权力，并力图从他人手中夺之，不论这人对她有多亲密。

民国时期的相书对女人的鉴定，撮录于此，加以解析，聊供读者参考。

相女人八字秘诀：

敬——见可敬者，贵寿而多男也。（有威、有媚、有态，精神端肃，声音和谐，坐视平正，得纯相之气故也。）

重——见可重者，贞洁而福泽也。（精神肃穆，举止端庄，腰圆背厚，面方胸阔，声清重颐，言语温柔，雅淡肃然，有不可犯者。）

喜——见可喜者，邪荡而易诱也。（多风流媚态，令人有所思也。）

轻——见可轻者，贫薄而贱妖也。（行若蛇，坐若斜，语痴，笑意情奢。）

畏——见可畏者，刚强而欺心也。（声杀面横，额阔颧高，雀步蛇眼，似男子气象。）

恐——见可恐者，刑克而恶极也。（三颧者丈夫声，蜂目狼颧。）

恶——见可恶者，丑、陋、怪、臭、硬也。（丑者，蝇面龟胸，唇抓齿露，眼白多，鼻孔仰；行如走奔，声破，此之谓丑也。陋者摆手摇头，咬指斜行，仰面偏颧，衣不称体，此之谓陋也。怪者，颧高眼深，发短指齐，目凹唇须；臭者身臭口臭，阴臭狐臭也。硬者，骨硬、心肠硬、声音硬，此必男转女身。）

骇——见可骇者，螺纹鼓角脉也。（螺者阴户内旋，有物如螺；纹者，窍小实女也；鼓者，无窍如鼓；角者，阴内有物如角；则阴挺也。）

相女人凶相淫相歌：

大凡淫妇之相，每于举动行为，言语饮食之间，总有一番矫揉造作处，是为淫妇无疑。

女人鬈发不相宜，行路昂头一字眉；鼻节颧高唇又展，刑夫三两又刑儿。

桃花满面眼流光，手摇摇头软腰妆；剔牙啄齿提衣领，侧倚门前任四方。

雀步蛇行狗蚤跳，一行一步把头摇；路上行人忙掩面，与人私约度良宵。

天庭窄狭发侵眉，头角粗黄口角垂；眼下肉堆无肉起，贫穷一世又无儿。

女子仰面更昂头，口鼻生须不自由；发垂眉粗腰又弱，随军随贼走他州。

低头含笑是娼淫，手掠眉头又看身；坐上频摇低唱曲，偷情男子作夫亲。

赤日黄睛为育优，胸高额凸皱眉头；口如吹火牙如炭，一世孤伶一世愁。

人中平坦子难成，况双龙宫有破坑；眉粗杀重唇色暗，深眼凸额养难成。

手指如锤节又疏，乳头不黑受奔波；臀重无腰行步疾，不为娼妇亦姨婆。

口小齿细眼微微，足动颐摇声又嘶；斜视频嗤鼻孔依，贪淫好色老须为。

面无华色声又破，颧高发重夫先过；纵有儿生恐未真，性情坚硬急中错。

女人恶相淫相：

颧露骨而太高，结喉露齿；蓬头乱发，蛇行鼠步；眉连发粗，鼻上生节；钩鼻露孔目露四白；额上有纹，鸡胸狗肚；眼筋多缠睛，雄声焦烈；生须生痣，下唇过上唇，上唇大厚；斜倚门前、侧目窥人；未讲先笑，行走头袅，整衣弄鬓，停针皱眉；摇身唱曲，发黄无眉，而多斑痣，有眉无威。

人中平满，眼下肉枯；龙宫冲破，口如吹火；女生男相，眼深骨粗；唇黑口大，无牙额凸；面黑声洪，两眉竖起，见人则笑；鹰视狼顾，羊飧雀步；舌急口快，面色青乌；眉棱骨现，阴沉不声；作事乖张，行坐若思；头垂暗点，声焦眼斜，声急眼酷。

眼光如艳，面带桃花，面光如油，口大无收什；阴户毛如草，阴户硬无肉；面滑身涩，喜怒无常；一摇三摆，盼前顾后；坐立不定，梦中多惊，皆淫恶之相也。

女人善相兼有德：

头圆额平，骨细皮滑，唇红齿白，发香发软发黝；眼长眉秀，指尖掌厚纹细密，声清寡言笑；行缓而正。坐卧端静，神清气和；丰硕重颐，背圆腰平，腹垂胸阔肩圆，面如满月；乳大不垂，脐深有托，身白过面；齿大而齐，鬓薄乌润，骨肉匀称，身上馨香。

女人恶相貌的表现类型：

嘴尖皮厚型：此类人小脑发达，大脑发育及遗传不足，常常做出荒唐的事体；加之“见识短”的先天决定，她们就更加地眼光如豆了。善在小事上纠缠不休，大约多代遗传均不得高贵美善的因素，所以她们是粗野而庸俗，即在社会交往中想要加以掩饰，但处处露出马脚。她们对爆发户式的生活有极大的兴趣和企求。她们往往是火形的下相，嘴唇突出而尖，尖而硬，乃相书说的“偷食之人”，气浊声破，志大才疏，眉毛粗陋野犷逆乱，蹦跳不顺，全无秀气，这是凶顽之征——当然，在现实中，她们早已实施修饰，多所掩盖。古人谓之贫贱之相。在当代，她们因世事逆反的机缘，或已脱贫；

但精神层面的低贱则永无法改变，且居心不良，于异性有害。

眼光游移型：此类人虽是百分之百的雌性，但其性格往往不甘雌伏。有经验的人一见这游移的眼光——好像荷叶上的水珠，也就自然生发退避三舍的想头。她们的眉毛或许秀长，然而眼光游移不定，大加抵消，即明确透露，她们永远都在寻找，但也永远都“在路上”。她们有一颗永无餍足的心，对金钱有特殊的敏感，是金钱万能的信奉者。满足一词在其字典中都未曾有。她们的猎物往往是愣头青和冤大头。

全无心肝型：此类人面目或较俊俏，但近观则见其掩饰不住的愚蠢。眼耳鼻舌，一举一动，都是讨嫌而已。她们变起心来很快，但也许根本就没有心——心只是一堆肉，久之自然变馊。言而无信在她们是家常便饭。俗话说，男儿无信，钝铁无钢；女子无信，乱草蔓秧。与其谈感情,等于和死人谈徒步长征。她们是水形中的下相，搬弄是非奸诈，心地枯暗。

死气沉沉型：这种人面目或较漂亮，不知者往往为其所吓倒，而且身高也不低，用新新人类的话语来说，叫做“有型”。这一类人的最大特征是全无同情心，外表的漂亮掩不住形骨孤寒的实质。自私自利而不轻易表露，深于城府，关键时刻全不顾廉耻。但她们多有矛盾的心理，自己和自己的思想打架，所以，她们老得很快。她们的心理是交媾等于恋爱，甚者用小恩小惠拉拢意志薄弱的男性，实际上是其兽性的发作而已。这类人是木形中的下相，险刻诈薄；或有禄位，实是行尸走肉。

男人恶相貌的表现类型：

满脸横肉型：此类人遗传的野性所占比重很大，智商偏低，“文革”中打人杀人者，多借这类人的手。在动荡的历史年月里面，他们出尽了风头。时代变了，有的成了替死鬼，有的摇身一变，重新粉墨登场。他们的眉毛逆乱，眉头交错，为凶顽之征。

牛二泼皮型：此类人并不局限于江湖之中。他们甚至广泛地散落于官场，学界，贪污贿赂，剽窃抄袭，无恶不作。他们的脸形不注意观察殆与大众普通脸相无异，接触稍多，你就发现来者不善的可怕了。他们的眼睛里面闪着狡诈和无赖，闪着促寿的凶气和恶气，如狗眼——孤而狠。他们的脸上直是写着“我是流氓我怕谁”。青面兽杨志遇之都诧异不已，何况凡人。但假如是在一个游戏规则健全的社会，他们便无所肆其暴戾恣睢。

端起架势型：这类人往往有庞大的身姿，结构完整的脸形，甚者有美男子之称，栖身艺术界学界者居多。他们善于欺世盗名，口头上西方的政治理念懂一些，骨子里全是封建帝制的那一套；对他人是禁欲主义，对自己是纵欲主义。其一旦失宠，便如丧考妣。他们的脸上总是故作高深，手挥五弦，目送归鸿，仿佛十分高远；实则夺泥燕口，削铁针头，装腔作势，势利无比，为狭小之尤。他们貌似威相厚相，实则“骨伤节破，尘中之物”，骨子里是粗鲁庸俗，狭隘贪婪。

魔王作态型：当得起魔王称呼者不会太多；但一旦有一二成功肆虐，家国就干戈扰攘，血泪交流了。他们的体貌是蛇鼠的无限放大，粗看伟岸，细察乖戾。魔王在个人权力上极端爱憎分明，心肠硬过钢铁。谁对他的权威造成威胁他就和谁不共戴天。他们会发起消灭不忠诚的运动，且不惜以国家和生民为代价，然后是造神。一俟得逞，便为所欲为。量小非君子，无毒不丈夫，乃是他们的行为准则。他们先是拿着《圣经》去行骗最后便取《圣经》而代之了。但这种成功的代价就是繁殖大批依附献媚的懦夫，最后祸延家国，民族沉沦。

小人得志型：这种人的脸上写着低贱劣等戏子的神情。一般而言，他们体貌粗卑，形神浑浊，都演技低劣，贱肉横生；无论在朝在野，本质上精通恃强凌弱、欺软怕硬、厚颜无耻、了无信用那一套，善于在某种幌子下掠取最大的经济利益。这是其比牛二等类更不要脸的地方。其行为往往汇集人性劣根之大全。

# 第五章

几何学测量相貌标准——雨果心目中的国人形象——鲁迅论中国人的脸——古时候的中国各地人物性情及面貌——专制令人委琐、令人萎缩——相貌与民性：美、日、中——美国人的正大气质——日本军阀的长相是小肚鸡肠，人无正气，花无正香，曲无正调——英雄的气质对照卑贱的民性——年轻的网友认为：孙中山先生是最伟大的“帅哥”——“孙文的气概我没有见过第二个”，大气磅礴——圣者的深邃与明净——相貌与地域人种

*

18 世纪荷兰画家和解剖学家佩特鲁·坎波尔发明了一种方法，可从侧面像上来测量人面部的角度。他测量的办法是从耳朵到嘴唇引出一条水平线，再从前额中间到下颌最突出点之间引出一条垂直线，两条线交叉处所形成的角度就是面部角度。坎波尔的面部角度测量法成为较早的面测系统，它可用来鉴别不同人种之间的颅骨差别。但是坎波尔的发明目的是为了量化美的性质，他认为希腊古迹中的雕像代表了人类美的理想范式。他这样写道："世上无不以为，阿波罗或维纳斯的头拥有超越一切的美，也无人不认为，这些头颅之美为其他头颅所无法比拟。"

坎波尔发现，侧面视之，古希腊雕像的面部角度是一百度，而大多数人的面部角度在七十度至九十度之间。因为猴子、猎犬和其他动物的面部角度比一般人低，而希腊雕像的又比一般人略高，坎波尔于是认为他发现了美的角度。恰如他自己所说的："是什么构成了一张漂亮的脸庞呢？我的回答是，是各种特点的合理配置，也就是脸部的垂直线与水平线的构成为一百度的角度。"在测量不同种族的人的颅骨时，他发现从猩猩、猴子到非洲黑人，再到东方人、欧洲人，最后到希腊雕像，其面部角度呈逐渐增大之势。他将欧洲人放在最靠近美的理想范式的位置。

帝王专制时代末期的国人形象，端的是不堪太不堪。国人的脑袋停用或误用了两千年，怪现状让人摇头吐舌。雨果曾经以素描笔法勾勒过中国人的头像。那是翘着猪尾巴、眼睛细小，神情委琐的一个不雅的符号，符号的含义就是中国人。时值清代晚期，国人吸食鸦片，游手好闲，懦弱不振，且长期受制于专制高压，做官的只晓得搜刮民间膏脂，带兵的只晓得贪生怕死，读书的只晓得科名微利，民间则怪力乱神，迂腐固陋，盗贼遍野，仿佛畜圈。言语无信，爱钱如命，被先进国家视为野蛮贱种。所以，在雨果的笔下，就是那一副可耻的形态，这不怪雨果没有恻隐之心，是专制使人陷入沉迷不醒的重病，连生理的相貌都变得如此可憎。汉朝董仲舒罢黜百家、独尊儒术以来，中国人（严格而言是汉人）已经有两千年没有独立思考了。两千年不用脑，两千年集体沉溺于反智、反科学、反逻辑的处境——一个民族的思维能力会衰弱到一个怎样的地步！结果是把女人的天足包裹了一千年，拿指南针来看风水，拿纸张来张罗文字狱，拿火药来吓鬼，拿镇痛药品阿芙蓉（即鸦片）当饭来吃，将暴君的余唾当做传家宝……无力治人，建立不了好制度，也无力治天，克服不了自然灾祸，在形式主义框框中烂活。美国工程师 Oliver Todd 在 20 世纪 20 年代初踏足中国，为中国全力治理河患二十年，成绩空前。他看尽中国的落后慨叹说："中国人虚掷的机会太多了，这实在令我百思不得其解。会否千百年下来的因循苟且，已经令他们无知无觉……"诺贝尔文学奖得主赛珍珠（1892–1973）在自传里回顾说，在中国生活了几十年回到美国后，才发现水灾原来是可以避免的。

旧时代中国人的面目和精神状态如此不堪，乃以专制肆虐，人民消沉偷安，苟且畏缩。在社会中做事，人命时时刻刻受威胁，其贱如鸡犬于是也就卑污苟且，才能生存；像点样子的很快就被各种邪恶势力折磨消退、淘汰、死亡，剩下的往往就是投机的顺民或居心不良的坏种。

鲁迅《略论中国人的脸》，其中颇有精彩的论断。他说他最初因习惯心理，看不惯西洋人的脸，嫌他们鼻子高，脸色太白，头发黄而眼珠子太淡。但在习惯以后，加以比较，他得出结论，西洋人的脸是：人＋兽性＝西洋人；中国人的脸上没有这个，野性是消失了，于是，那公式就是：人＋家畜性＝某一种人，那就是中国人。

“我们的古人，倒似乎并不放松自己中国人的相貌。周的孟轲就用眸子来判胸中的正不正，汉朝还有《相人》二十四卷。后来闹这玩意儿的尤其多；分起来，可以说有两派罢：一是从脸上看出他的智愚贤不肖；一是从脸上看出他过去，现在和将来的荣枯。于是天下纷纷，从此多事，许多人就都战战兢兢地研究自己的脸。我想，镜子的发明，恐怕这些人和小姐们是大有功劳的。不过近来前一派已经不大有人讲究，在北京上海这些地方捣鬼的都只是后一派了……后来，我看见西洋人所画的中国人，才知道他们对于我们的相貌也很不敬。那似乎是《天方夜谭》或者《安徒生童话》中的插画，现在不很记得清楚了。头上戴着拖花翎的红缨帽，一条辫子在空中飞扬，朝靴的粉底非常之厚。但这些都是满洲人连累我们的。独有两眼歪斜，张嘴露齿，却是我们自己本来的相貌。不过我那时想，其实并不尽然，外国人特地要奚落我们，所以格外形容得过度了。但此后对于中国一部分人的相貌，我也逐渐感到一种不满，就是他们每看见不常见的事件或华丽的女人，听到有些醉心的说话的时候，下巴总要慢慢挂下，将嘴张了开来。这实在不大雅观；仿佛精神上缺少着一样什么机件。

中国人的脸……古装的电影也可以说是好看，那好看不下于看戏；至少，绝不至于有大锣大鼓将人的耳朵震聋。在“银幕”上，则有身穿不知何时代的衣服的人物，缓慢地动作；脸正如古人一般死，因为要显得活，便只好加上些旧式戏子的昏庸。

时装人物的脸，只要见过清朝光绪年间上海的吴友如的《画报》的，便会觉得神态非常相像。《画报》所画的大抵不是流氓拆梢，便是妓女吃醋，所以脸相都狡猾。这精神似乎至今不变，国产影片中的人物，虽是作者以为善人杰士者，眉宇间也总带些上海洋场式的狡猾。可见不如此，是连善人杰士也做不成的。

听说，国产影片之所以多，是因为华侨欢迎……广州现在也如上海一样，正在这样地修养他们的趣味。可惜电影一开演，电灯一定熄灭，我不能看见人们的下巴。(《而已集》)

达尔文《人类原始及类择》的第十九章，讲述人类男女的差异大于多数猿类。男人身体较女人更为高强有力，筋肉也更发达。在面相上眉脊比女子更显著，身体毛发更多，尤以面部为甚。“男子较女人更富于勇气,争斗性及精力,且更富于发明天才。其脑绝对较大，唯是否与其身体成比例，尚未完全确定。女子之面部较圆润，两颚及头骨基部较小，其身体之外周线较圆，数部分有突出更多者，女子成熟年岁早于男子。”

在此大前提之下，可根据中国古书来认识各地人物性情及面貌的生成和差异：

人是时间的动物，也是空间的动物。山川修阻声息交通不易，由是导致政治、文化的离心倾向，所以孟子谓“南蛮鴃舌之人”，打心眼里，看轻未开化的南方人。中华文化，发祥于中原黄河流域，在近古以前无大变。南方文化、语言比不上中原的先进，在心态上，处于被动地位。清人刘大櫆记游击将军某，表演刀马弓弩膂力之术，清圣祖校阅，大惊，“南人也有此弓马耶！”其本心深处是从体力上轻视南方人。而宋朝开国皇帝宋太祖，更规定不准起用南方人为宰相，“南人不得坐吾此堂”，作为祖制颁令遵行。(《鲁迅全集》，卷四，第84页)

鲁迅引《洛阳伽蓝记》等书，说是古时北方人甚至不将南方人视作同类，元朝将人分四等，汉人是第三等，此仅指北人，南人却是第四等，居最末。北方人厚重，南方人机灵，通常的看法是如此；但即在南方人中，同做一事，其性质也大不同。旧时国人迷信成风，但鲁迅说，广东人迷信势力很大，却迷信得很认真，有魄力。浙江人也迷信，却不肯出死力去做事，即令迷信，也透着一种小家子相，毫无生气。(《鲁迅全集》，卷五，第438页)

钱锺书先生《管锥编》(第1034页)引中外哲人从气候、情智上观察南北方人之区别，说是北方寒而其人寿，南方暑而其人夭，“温肥者早终，凉瘦者迟竭”。孟德斯鸠谓冷地之人强有力，热地之人弱而惰。休谟谓北人嗜酒，南人好色，则在外国也有此种南北之区别。

《列子·汤问》谓“南国之人祝发而裸，北国之人鞨巾而裘，中国之人冠冕而裳”，也从地理因素解会其生活处境及性质。橘子生长在淮南则为橘子，移栽到淮北就变成了另一种东西，果实形貌味道都不大相同了。人其实和植物是一样，颇受地理环境的影响，品性自然有差异。

或有一事实可证明，古代的皇帝中，简直就没有南方人，从上古三代到“洪宪”的袁世凯。南方的崛起发达，是在辛亥革命以后，突然加剧了它的影响力。这当然是一个郁积渐变的过程，魏晋南北朝以还，世族南迁；以后北方游牧民族南侵，造成无数次政治、文化重心的南移。

开化了的南人，亦颇倨傲。清代那个尺牍名家许葭村，他的《秋水轩尺牍》，即对北人甚为失望。他致友人信解释尚未生子的原因：“求珠有愿，种玉无田。嗣息之谋，尚在虚左。”没有润玉般的美妇人，为什么呢？他解释说：“始则津门访丽，既而选美金台，买来凡骨，自此所闻所见，大都北地胭脂，终异南朝金粉，恐未必能逢如意之珠。”

在北方，天津河北一带，不易找到可供倚香偎翠的美玉一样的美妇人。北地妇人，无论品性、质地、相貌，都不能像他印象中的“南朝金粉”一般迷人，所以才无可奈何地一任婚姻大事耽误下去。这位许先生是绍兴人，鲁迅的老乡。而鲁迅在他的名文《南人与北人》中，对南人北人的缺陷、可鄙之处一律不加客气地予以痛斥。

《水经注·江水注》中，认为山清水秀之地，每每生长俊彦、人中之龙；而地险流急的地方，其人亦大多性格褊狭，不易相处。杜甫《最能行》中骂道：“此乡之人器量狭，误竞南风疏北风。”

像许葭村那样反过来瞧不起北方，那也是一种事实，尤其在下层。近代北方乡间民智愚陋，老百姓所得教育，仅是下层说书人以讹传讹的瞎掰乎，养成一种怪力乱神、成王败寇的卑下念头。加上地理环境的恶劣，旱涝频生，生命难以维持，而生冒险乐祸、暴戾恣睢之心。义和团的发生，令中国创巨痛深，也有这样的因素在内呢！

南北东西，地域、物产、气候等等的不同，终于导致各地方人物气质、习俗、文化及行为方式的差异。古人有饶于趣味的观察和描绘。唐代魏徵等撰写的《隋书·地理志》中，道及各处的民性特征，好玩得很。

荆楚一带的人，“劲悍决烈”，他们久处山谷，言语方音浓重，土布当衣服；如果将其唤做蛮子，则他们必然发怒。他们喜欢祭祀鬼神，又喜龙舟竞渡。

吴越地方的人，“水耕火耨，食鱼与稻，以渔猎为业，信鬼神，好淫。人性并躁动，风气果决，包藏祸害，视死如归，战而贵诈。”

旁边接壤的豫章、庐陵一带，老百姓辛勤务农，上层人士一夫多妻，有功名富裕者，“前妻虽有积年之勤，子女盈室，犹见放逐”。

再往下，就是岭南、两广一带了，这里“土地下湿，皆多瘴疠，人尤夭折”。包括南海诸小岛，多产奇珍异宝，人多从商致富。此地的人，虽亦尽力农事，但重贿轻死，唯富为雄。老百姓俗好相杀，好械斗，相攻鸣鼓，到者如云。

彭城（徐州）以北不远处的鲁南之地，人民劲悍，读书人讲气节，任侠，好社交。“莫不贱商贾，务稼穑，尊崇儒学。”紧连着的齐地，“人尤朴鲁，多务农桑，崇尚学业。始太公以尊贤尚智为教，矜于功名，依于经术，阔达多智，志度缓舒”。但在齐郡，“旧曰济南，其俗好教饰子女淫哇之音，能使骨腾肉飞，倾诡入目。”也有庸俗虚伪的一面，譬如大宴宾客，佳肴满席，只能轻尝则止，否则叫做不敬，旁人都要讽刺讥诮。

整个华北一带硕大的地方，人民“人性多敦厚，务在农桑，好尚儒学，而伤于迟重”。这地方的老百姓则重侠使气，好结朋党，悲歌慷慨，出于仁义；另一面则浮巧成俗，雕刻精妙，士女衣着，以奢华绮丽相攀比。中原、河、洛地方，则“俗尚商贾，机巧长风，巧伪趋利，贱义贵财，邪僻傲荡”。如是可鄙。

巴蜀之地，在大西南。地处偏北地方，靠汉中以南至成都以北，“质朴无文，不甚趋利”；但口腹之欲望甚为强大，即令蓬室柴门的穷人家，也想方设法要吃大肉，否则不痛快。他们喜道教，忌讳颇多。成都西北的少数民族之地，“人尤劲悍，性多质直”。整个成都平原，外围山川重阻，“其人敏慧轻急，貌多蕞陋，颇慕文学，时有斐然。多溺于逸乐，少从宦之士”。这里工艺美术的精妙，超过其他地方，再往南的西康边野一带，头人富人依崇山峻岭故步自雄，“以财物雄役夷、獠。故轻为奸藏，权倾州县”。

整个大西北，地接边荒，人民多尚武之风。多畜牧、多盗寇。女淫而妇贞，不过因为“俗具五方，人民混淆，华、戎杂错”，所以“去农从商，争朝夕之利；游手好闲，竞锥刀之末”。

魏徵他们写此书之时，虽系总结有史以来政治风俗的得失，同时也在为当时政治提供战斗、管理、施政的情报方略，所以观察精密，态度中立，分析定性尤见功夫。

以上是地理的因素，在革命的时代和人物身上呢？

孙中山先生的人格魅力，关涉政局的走向，他一死，大势也就物是人非了。同理，美国开国的时候，杰佛逊，富兰克林，美国当时如无此等人，其国运恐怕也要大打折扣。今天，很少有人没有读到过这样的一句名言："人人生而平等。"这句名言首先公开见于美国资产阶级民主派首领杰佛逊执笔的《美国独立宣言》(1776 年 7 月 4 日)。然而，给予杰佛逊乃至美国第一任总统乔治·华盛顿以独立思想启蒙的，却是一个英国作家、人权活动家托马斯·潘恩。

这位从英国来到美国的思想家托马斯·潘恩（Thomas Paine）在他著名的《常识》1776 年 1 月一书中指出,反抗专制,包括武装反抗，是人的基本权利，这是"常识"。在美国首都华盛顿的杰佛逊纪念堂屋顶，刻着这位美国第三任总统的名言："我在神的殿堂上发誓，向残害人类心灵的一切形式的暴政永远宣战。"而"不自由勿宁死"则是人类所有向往自由、痛恨专制者的共同心声。并且他们相信，这个世界上有一个人不自由，就是所有人不自由。

三百年以前，"五月花号"带着美国人的祖先渡过大西洋，流徙美洲的荒地上。他们呼吸着自由的空气。他们把自己的全部努力，投向了大自然。

1776 年独立战争爆发了,《独立宣言》通篇闪烁自由民主的信念，"一切人类生而平等"的誓言，永远地镌刻在他们的心上。他们坚决地认为创造者给了他们若干不可转让的权利，这些权利包括了每一个人的生命、自由及幸福的追求。杰佛逊告诉美国人，他们的第一个目的就在于制止政府的压迫；林肯更告诉美国人："若不得他人的同意，没有一个人善良得足以统治另一个人。"

二战期间,美国使用了强大的武力,拯救日、德等国于万丈深渊；战后，迫使其着手民主改革。和德国人一样，坚强而有学识的日本人重建了他们的国家，"他们在教育和社会领域大行改革，其开明程度令今天的美国国会震惊"(《参考消息》，2003 年 3 月 4 日)。当改革之际，日本得到了麦克阿瑟将军的明确支持，他说他撇弃了仇恨和不信任，为的是所要实现的神圣使命，那就是民主的政治体制。日本国深受其恩惠。今天他们的全面复兴，民众精神面貌健康得宜，实拜美国民主教导苦心之赐。

大作家莫洛亚说：我爱美国，因为在这儿我看到那使人生活高尚的自由的光辉……我爱美国，因为在这儿我看到了在别的国度里时常成为战争的导因，在这儿却能够整然不紊的用民主的方法来解决。

美国还是一个朝气勃勃的国家，其国其民，有深山大泽的气息。他们喜欢新的事物，需要和平时，他们努力开拓；而当战争来临，他们也会谈笑自若地向自己的家门说声“再会”,置身枪林弹雨之中，为保卫民主而战。他们相互间葆有纯粹的友爱,见面时把臂呼曰“老兄”。他们的友爱不仅及于所有的美国人，而是如林肯所说的“一切的人”。

陈公博受过美国先进政治文明的熏陶，奇怪的是竟无所习染，致令他从青年时期即大学毕业之后的人生选择就仿佛有鬼缠身。最后他投到日本军部羽翼之下，在所谓“苦笑”中，过了差不多七年有余的提心吊胆的“安稳日子”。战后，潜逃亡命日本，尽管他一再就做伪政府首脑开脱说“汪下水，我不能站在岸上”，但谁会听他的呢？在日本，他藏身于旧京都郊外金阁寺的僻静幽邃的一角。该寺历史悠久，盟军对日本本土大轰炸中，它以人文古迹获免受轰炸之苦。日本是个什么样的国民性呢？其国阴郁，低沉，是货真价实的小丈夫，假丈夫，外强中干，色厉内荏，一旦有事，落花流水，自顾不暇。由于压抑，所以变态；由于小气，所以残暴；从其牛皮哄哄的大东亚共荣到生活俗谚的“戈塞伊玛斯”，在在不乏诳语。它这国家里，什么仿唐的建筑，幽寂的俳句，森冷的绘画，阴郁的文字，孤凄的音乐，都是锈在“假丈夫”身上光怪陆离的苔藓、色美而毒。民初名作家不肖生（向恺然）留学东瀛，他就经常亦文亦武地教训其国民。周作人虽也投靠日本，但他的文章，有无数篇指出日人的阴毒；张恨水根本瞧不上日本文化，尤其是日本字，不敢大大方方袭用汉字，拿去东改西改，搞到面目可憎。

战前日本人夸下多少海口？战后六亲不认，也认不了。他们的“盟友”，一个也保护不了，包括陈公博这样的巨头——亡命日本不到三个月，就被迫以战犯巨奸的身份遂归国内。日本外务省第二部部长大野胜前往金阁寺征询陈氏态度时，畏畏缩缩，虚伪得要命。1946年6月1日，陈公博在苏州江苏省第三监狱毙命，子弹从后脑进，前额出。周佛海在狱中闻之，“有感”，口占二绝：“水流花谢太匆匆，往事如烟梦亦空。地下相逢应共笑，成仁毕竟是成功。”“一别原知再见难，人间天上剧辛酸。秦淮河柳台城月，阅尽兴亡忍独看。”

陈公博在狱中的最后生涯非常压抑，失眠烦闷。他自许“始终以好汉自命”，时至今日实在忍不住要喊一声：“天啊！”又埋怨日本“我手写文章不曾称过日本为友邦，因为我不认日本为朋友”。然而，一句老话，早知如此，何必当初呢？

也许美国的民性与日本民性恰成正大恢弘与鼠肚鸡肠的对照。1975年4月底，西贡南越政权为胡志明部队攻陷，在最后一天的紧急关头，美驻越大使马丁和CIA（中情局）分析员斯内普切“迫切地想在崩溃前千方百计把南越朋友和线人运出这个国家”。北越部队包围圈越缩越紧，国务卿基辛格命令他们紧急疏散；马丁却致电在白宫的官员，骂其无情。他“不断增加他对仍密从大使馆疏散的越南人的人数估计，国务官员尖刻地说：马丁刚刚疏散了大使馆里‘最后400人当中的600人’”。(《西贡最后的日子》)这是何等勇毅、何等耐性，又是何等雄才伟略！

抗战时期任工兵司令的马晋三老将军，1924年毕业于日本士官学校。他曾经深有感触地评价日本人：“花无正香，曲无正调，食无正味，人无正气。”真正是入木三分骂亦精。日本人的长相，如东条英机、松井石根、土肥原贤二、冈村宁次、板垣征四郎……都生得委琐卑下，眼光游移阴贼，面相实非正常人类。就是这么一帮军阀，给中国带来旷世浩劫。而占领日本的麦克阿瑟将军，则长得老成持重，干练利落，深沉睿智，乃美国精神的象征。二战后，军事法庭审判日本军阀谷寿夫，押解他到刑场时，身穿美式军装的国军军人，与之形成鲜明对照。谷寿夫，这位侵略军的代表，越看越像人中之鼠。然而就是这样一个人，指挥部队在中国杀人如麻，血流漂杵。

二战中，美国参战，对文明世界战胜人类历史上从未见过的邪恶政权纳粹主义和日本军国主义，都起到了决定性的作用，真正做到：打得一拳开，免得百拳来！稍有良心的人都知史实，太平洋战争爆发前夕，中国内陆大部分领土，包括所有的沿海发达地区都已沦陷。当时中国伤亡惨重，国脉如丝，在国际上孤独无援，濒临绝境。此时幸亏美国干涉，压迫日本退出中国，才导致日本偷袭美国珍珠港。老美出招，固然因为日本在亚洲的扩张造成威胁，但也是出于其立国以来代代相传的信念。更重要的是，老美的行动在客观上起到了助弱抗强、打抱不平的作用。珍珠港事件爆发后，国人喜心翻倒，终于绝处逢生，其后又对来华助战的美军人员充满了感激之心，以致“老美顶好”成了当时的童谣。不意后世竟有不肖子孙，因为老美有自身的利害考虑就否定其参战的正义性，甚至把老美当成比日本还坏的魔鬼！这种忘恩负义的颠倒思维方式，泉下先人有知，该是何等的绝望。

18世纪末叶的美国联邦党人来得切实可行。他们说：“优良政体的真正检验标准应视其能否有助于治国安邦。”“管理不善的政府，不论理论上有何说词，在实践上就是个坏的政府。”（《联邦党人文集》，第70页：商务印书馆译本）他们为新宪法的通过与对立者作了一系列的论战；而新宪法，其要义乃在维持对政府、对自由和财产的进一步保证。这种努力对美国民主社会的建立，起到决定性的作用。英国作家狄更斯深深佩服这个没有君主、没有封建制度，也没有国教的自由平等的新型国家。他举极细之事为例：“波士顿的州立疯人医院，以友爱感化为主的开明原则进行管理。”“美国的公共机构里，服务人员均极有礼貌。而英国的税关人员是那样的粗野，使人起厌恶之感。英国居然养着这样一群恶狗，在国门那里狺狺向人，实在有损国体。”（狄更斯：《游美札记》，第37页：上海译文出版社）他看到美国人即使在生意气氛中也是文质彬彬的，房舍和馔饮，都很精致；在财富的夸耀方面，在生活奢华方面，争强斗胜的精神更大。甚至，作者谈他在美国大街上的观感——他欣赏美国女性，觉得她们都特别漂亮！民主国家的精神魅力，有如是者！

据台湾《咨询科技电子报》（2003年2月6日）消息，网友公认国父孙中山是中国最伟大的“帅哥”。这一段话有点意思：“帅哥不稀奇，伟大的帅哥才稀罕，史上超级伟大的帅哥更是神奇！国父孙中山先生就是这样一位人物，那些年轻的网友提到国父，除了公认纸钞上他的肖像，有着稳重、异于常人的气质，也发现虽然他个子不高，但深邃的眼眸实在有魅力。网友相信以他老人家沉稳的风格、伟大的抱负，和一般帅哥绝对想不到的三民主义理念，无怪乎能吸引如此多的能人志士加入革命行列。”这些年轻人把孙先生名列第一，还自编五“拳”宪法，歌颂国父的伟大，说“立法拳”拳劲雷霆万钧,敌人无处可逃;“行政拳”缥缈无形,让敌人死得不明不白;“司法拳”柔弱无形，但反客为主；“考试拳”招招入骨，敌人死无全尸;“监察拳”朴实无华,破坏内脏。不论哪个时代,国父推翻清朝、创立民国的伟大事迹，在年轻人眼中都是最帅的啦！

中山先生的外貌，那是端正重实，姿容敦厚，神色庄重英敏，精神翘秀温蔼。其量如沧海，其器如巨舟。

晚清之际，险恶的世途，屡战屡败的运作过程，仿佛秋天的山间小道，秋风尚未刮走落叶，又为纷纷的枯叶所覆盖。悲观型的志士就更为之气馁。像卡夫卡所说：“目标确有一个，道路却无一条，我们谓之路者，乃踌躇也。”（《卡夫卡集》，第 219 页）过度的敏感令其感受疼痛的能力更为增强，渐次加深，无法自遣，意志的作用越发微不足道。1911 年 7 月 8 日，志士杨笃生在英国利物浦投海自尽。他以列强瓜分中国及讹闻黄兴于黄花岗战死，至受刺激，神气沮丧，继而头痛浮肿无以自制，遂投海自尽。孙中山闻之大为痛切，认为牺牲不能有造于社会者决不应为，他致吴稚晖函中说：“弟观笃生君尝具有一种悲观悬挚之气，然不期生出此等结果也。”（《孙中山全集》，卷一，第 536 页）

会党初起到辛亥革命，中间不知经过多少次的困难，多少悲观，多少次的失败，如黄花岗之役，钦廉之役，河口之役，镇南关之役，惠州之役，尤其当1911年黄花岗起义失败后，黄兴先生急切为死难党人报仇，欲躬行暗杀。黄兴致巴达维亚华侨书报社同人："自三月事败，弟愤同事诸人之畏缩，以致徒伤英锐之同志，故愿专事暗杀一方面。"(《黄兴年谱长编》，第205页)孙中山先生闻悉即致电劝缓行。孙中山专门有一篇关于暗杀的谈话，全文如次："暗杀须顾当时革命之情形，与敌我两者损害孰甚。若以暗杀而阻我他种运动之进行，则虽歼敌之渠，亦为不值。敌之势力未破，其造恶者不过个人甲乙之更替，而我以党人之良搏之，其代价实不相当；唯与革命进行事机相应，及不至摇动我根本计划者，乃可行耳。"(《孙中山集外集》，第152页)这段谈话实可视作民初党人暗杀行动之总纲，其内蕴是表达生命的权利及正义感，以期对奴性十足的社会群体起到震动；同时也考虑到政治理念，社会制度的决定性，以及策应的总体方法及效果。史坚如烈士的遗书中，尝谓"记得去年冬天(1899年)我奉了孙先生的命令，来广东密谋暗杀"云云，此即形势的急需。

中山先生建立正义政府的信念，是构筑在对晚清社会状况、政治结构的精密分析之上的。如论中国司法的改革(1897年)尝谓："也许没有什么部门比司法制度更迫切需要彻底改革，这一奥吉亚斯牛圈要清除之是完全不可能的。"奥吉亚斯是希腊神话中的厄利斯国王，养牛三千头，牛圈三十年未曾打扫，牛粪堆积如山，肮脏至极。中山先生意谓局部清理为徒劳，必待彻底改建。他又说："在中国对任何社会阶层都无司法可言，民事诉讼程序只不过是受刑的代名词。"(《孙中山集外集》，第7页)而对此种腐恶已甚的极权制度，要推翻它，研究、推广新思潮绝对不够，狙击也是有效手段之一种。

在中山先生的政治哲学专著中，贯穿这样的理念：文化科学、实业经济、民主政治，而此三者，正与近代英国土地上所出现的——牛顿科学、市场经济、民主政治相契合。它们的合力造就了“现代化”这种给世界带来翻天覆地变化的力量。在中山思想的启导影响之下，大量涌现政治、文化、教育、科技方面的创新人才，诚如杜甫诗谓“莫取金汤固，常令宇宙新”。注重根本，眼光高远，真正能救国的原动力即在此。

苏州市孙武子研究会最新研究成果：九十三部孙氏宗谱综合研究，集成三十二万字的《孙氏宗谱世系源流》一书，其中一项重要内容，证明孙中山先生系我国春秋时大军事家孙武的七十裔孙。(《炎黄世界》，1997 年第 1 期)

几十年前的民国时期，广州国立中山大学教授罗香林撰《国父家世源流考》，考证出“至明永乐间，有讳友松公者，再迁广东紫金，是为国父上世入粤始祖”。又十二传，孙琏昌(一作孙连昌)起兵反清，兵败流放，于康熙间自紫金迁居增城，旋再迁中山县涌口门村；又二传，孙殿朝自涌口门村迁居翠亨村，是为中山先生高祖，即中山先生父亲孙达成为孙殿朝的曾孙。罗教授之考证为当时政要孙科、吴铁城、陈立夫所肯定，各为之序，并于 1942 年出版。罗教授的考证对孙中山先生祖辈孙连昌和后代“无一屈身辱志”的事迹，激励抗战功莫大焉。更早的时候，南社社员陈巢南也著有《孙中山先生世系表》。

假如不是迷信的说法，也可见中山先生允文允武的人格气魄所来有自。他革命一生，虽荆棘载途，却如牛负重，两肩担起，未尝稍息。很多历史的关头，机会微渺得如同海底捞针，而先生总是不辞冒险，期达目的；尽管有的行动原系孤注一掷，胜负殊未可分。如唐德刚教授撰写的《李宗仁回忆录》所赞：“把握时机，不计个人成败，原

为革命家的本分，加以中山先生气魄宏伟，敢作敢为，尤非常人所能及。”(第 13 章)

小说名家曾孟朴，在他的《孽海花》中曾热情洋溢地绍介孙中山先生，数笔勾勒，形象已出，叙说孙先生的童年异禀，留学时所吸养的自由空气、革命思想。在他笔下，孙先生“面目英秀，辩才无碍”，是“一位眉宇轩爽，神情活泼的伟大人物”。1924 年底，中山先生病象已深，还扶病北来。欢迎的民众，环涌如堵，几年后张恨水先生著文(《世界晚报》，1928 年 6 月 12 日)回忆当时情景:“中山先生带着笑容，从火车上下来。因为有病，不能演说，一路之上，扔了许多传单答复民众。传单虽极简单，第一句就是中华民国诸位主人先生。你看他对于民众(人力车夫在内)是怎样谦逊有礼，和蔼可亲。”恨水先生的笔调，率真而沉郁，情绪低回不已。他又写道:“而今青白旗挂遍北京了，中山先生的主义好像快要实行。但是，这乾坤，哪里去找这样春风风人、夏雨雨人的伟大人物？我伤心极了，我只有痛苦。”谈到这里，笔者陡然受了感染，情绪无端失控，泪水滴答纸上，心恻鼻酸，不能自持。先贤炎凉尝尽，而接力春秋，却永无再传！绝世伤怀，有逾此乎？

章太炎先生为近现代大哲学家，其学问如深山巨壑，其行文如狂澜汪洋；与革命结缘数十年，贡献极巨，但偶尔也不免老天真的固执、迂腐、轻信。1912 年以后，袁世凯为了拉拢他，特邀进京“商谈国是”，派王赓(揖唐)赴沪迎接；到京后百般优待，发表其为东北筹边使。章先生不知是计，踌躇满志，领了一万元开办费，即到吉林走马上任；到东北后，无人理睬，碰了一鼻子灰回到北京。1909 年秋，他和孙中山先生发生政治理念上的严重分歧，竟在日本华文报上著文恶攻中山，蔡元培对陶成章、章太炎的闹内讧，称“尤为无理取闹”。(《蔡元培全集》，卷一，第 50 页：中华书局) 四年后中山先生致蔡元培函，谈民国政府之用人，认为康有为反对民国之旨，终难聚合，而“至于太炎君等，则不过偶于友谊小嫌，决不能而与反对民国者作比例。尊隆之道，在所必讲，弟无世俗睚眦之见也”。(《孙中山全集》，卷二，第 19 页)

1912 年 8 月、9 月，中山先生在北京与老贼袁世凯有过十余次谈话，就国家治理、建设问题提出磋商。袁贼多所虚与委蛇；至 9 月 16 日饯别宴会上，乃急欲刺探中山先生之意志，佯装酒醉亲热，拊孙肩曰：今革命克告成功，先生奔走数十年之目的已达，中华革命于是告终矣乎？中山先生莞尔从容对曰：“满清幸已推翻，如云中国革命从此告终，恐未必然。”(《孙中山轶事集》：上海三民公司，1926 年版) 于此不难看出，中山先生当十面重围之中的从容不迫，洵为大革命家本色，以及游刃有余的心境。

中山先生初著文，并不刻意为词章，取达意而已；在 1919 年以前，专精政治、经济之学，旁及兵法、舆地、外文之属。以后他自撰《孙文学说》，乃取《史记》《汉书》《古文辞类纂》温习之，胸中丘壑，腕底波澜，遂命笔沛然，如长河大洋，无阻滞矣。先生出口成章，更添文采风流。故其著述不特道理贯日月，即文辞亦如精金美玉，为那种“破坏内行，建设外行”的“革命家”所难以望其项背。先生天赋大才，亦学力使然；至于他的学养，又有兼融百家的阔大包容性。《孙文学说》尝谓：“当萍醴革命军与清兵苦战之时，东京之会员莫不激昂慷慨，怒发冲冠，亟思飞渡内地，身临前敌，与虏拼命。每日到机关部请命投军者甚众。稍有缓却，则多痛哭流涕，以为求死所而不可得，若莫甚焉。”活画当时情景，并革命者之心志。实则早些时候由先生改定之兴中会会章，即有思想与文采气势两相高之致，文章气节，坚毅沉挚，雄浑痛愤。今仅录章程之前序一段，尝鼎一脔，可以知味——

“中国积弱，至今极矣。上则因循苟且，粉饰虚张；下则蒙昧无知，鲜能远虑。堂堂华国，不齿于列邦；济济衣冠，被轻于异族。有志之士，能不痛心！夫以四百兆人民之众，数万里土地之饶，本可发雄为雄，无敌于天下。乃以教治不修，纲维败坏，朝廷则鬻爵卖官，公行贿赂，官府则剥民刮地，暴过虎狼。盗贼横行，饥馑交集。哀鸿遍野，民不聊生，呜呼惨哉！方今强邻环列，虎视鹰瞵，久垂涎我中华五金之富，物产之繁，蚕食鲸吞，已见之于已事；瓜分豆剖，实堪虏于目前。呜呼危哉！有心人不禁大声疾呼，急拯斯民于水火，切扶大厦之将倾。庶我子子孙孙，或免奴隶他族，用特集志士以兴中，协贤豪而共济，仰诸同志，意自勉谤，谨订章程，胪列如左”。

海明威的《老人与海》，写古巴老渔夫抱夫桑提亚哥八十多天出海捕鱼，皆空船而回。第八十五日与那条十八尺长的大鱼周旋搏斗一整天，等到半夜进港，鱼身早为鲨鱼嗜尽，最后只剩一根又粗又长的雪白脊骨，扔在垃圾堆里，只等潮水来冲走。中山先生一生与清廷攘击，中间败迹无数。今日有的学人就出狂言道，孙中山一生都是失败，仿佛不屑的样子。实则中山先生与老渔民最为神似——那整体性的孤独，志士式的灰心和豪杰式的扼腕，而终于百折不挠的选择。老渔民说：“一个人并不是生来要给打败的，你尽可把他消灭掉，可就是打不败他！”中山先生为祖国的设计，科学、民主、长远而切实可行，当时有人称他“孙大炮”，但大炮发发落在实处，是不放空炮的大炮！他对中国的观照，亦自世界性角度切入。他同时又是把世界最先进的政治文明动向引入中国的人。他面对时代，改造国家，去适应巨变的世界。

《老人与海》中的老渔民，在与大鱼遭遇以前，尝驾小船在海中无奈漂移。海岸是无穷的广阔，他低头朝水里望去，但见蓝光中种种小生物与太阳幻成奇异的光辉。他喜欢其中海龟的优雅，可有人对海龟很残忍；而海龟被杀死切开以后，它的心还要跳上好几个钟头！老头想：我亦有这样一颗心！这和中山先生临终前的伤怀激越，不是很相类似的吗？先生弥留之际，不放松“革命尚未成功”的殷切嘱咐。他是古老中国走向现代化国家的伟大尝试。这样的风范人物，为古往今来所仅有。

孙中山先生素重西学，深谙洋习，对设议院、变政治更有深刻的理解。1896年伦敦蒙难（为清公使馆绑架），获英国人民及政府营救，对英国人民所崇尚的正义及公德良心更确信无疑，也使他对文明国家的进步、教育、民意的认识更加坚定。他对中西文化良性传统方面的有机继承发展使他不但建树伟大，更以献身国家的同时，表现出一种罕见的人格魅力；而时势给他的名利，却弃如敝屣，绝不介怀。彭西先生《国父援助菲律宾独立运动与惠州起义》（《传记文学》，卷七，第5期）尝谓：“他伟大人格的特质，是在他个人立身行道方面的谦恭、朴实和克己的态度与精神。就是我们兴致来的时候，于日本的茶屋式中国料理中，在大批花枝招展的艺妓里面休息的时候，他正襟危坐，态度谦和庄重。对朋友们他是一往情深，在宣传说理方面，谁也比不上他坦率、雄辩及说服的能力。他说明及宣传他的主张，温和而动听，并且以绝对诚朴的态度，含笑答复与他反对的意见。”

1901年6月至7月间，中山先生在日本接待来访的留日学生，有吴禄贞、钮永建（惕生）、程家柽、马君武、张雷奋、王宠惠等数十人。他们中多数尚未见过中山先生；一些人更倨傲轻狂，以为中山不过是龙蛇起陆的草泽英雄罢了，甚至懒得往访一晤。但很快，他们的看法转变了，深深感慨中山先生大木百寻，沧海万仞的伟岸气度。这转变的过程，颇堪说明问题。据《吴稚晖文存》记述：“余三月至东京，五六月间，钮惕生偕吴禄贞、程家柽去横滨晤先生，我未以为甚合，及闻惕生言彼气度如何之好，我始惊异。”又在其《总理行谊》中记：“一天，有位学农科的安徽程家柽（一个大胆粗莽的革命家，1914年被袁世凯骗了，杀在北京彰仪门），又有一位湖北吴禄贞，来寻钮先生，要邀我同到横滨去看孙文，我虽不曾骇成一跳，暗地里吃惊不小。我说：梁启超我还不想去看他，何况孙文，充其量一个草莽英雄，有什么讲头呢？他们三人微笑而去。……傍晚他们回来了，我马上就问孙文状貌，是否像八蜡庙里的大王爷爷？钮先生说，一个温文尔雅，气象伟大的绅士。我说与梁启超相较如何？程摇头道：‘梁是书生，没有特别之处。’钮插话说道：‘你没有看见，看见了定出于你的意料之外。’其时的钮先生，以书院有名的学者，与后来《申报》的主笔陈冷血——梁鼎芬所称为二雄，亦为张之洞所看重，我就问他：‘难道孙文就有张之洞的气概吗？’他说：‘张之洞是大官而已，你不要问；孙文的气概，我没有见过第二个，你将来见了，就知道了。’”

还有仅见先生书法即已悦服者。章士钊记：“一日，吾在王侃叔处，见先生所作手札，长至数百言，用日本美浓卷子写，字迹雄伟，

吾甚骇异,由此不敢仅以草莽英雄视先生,而起心悦诚服之意。”(《辛亥革命回忆录》,第1集,第243页:中华书局)

中山先生不可思议之人格魅力,除有天赋奇智以外,更由其素养、学识、敏悟、识力、亢爽、深情、沉着、率真、勇毅综合而成。那些后来成为大功臣、大革命家的留日学生,在当时与先生识,亲炙教诲,也就从“山有小孔,仿佛若有光”的小隧道,一下子进入了土地平旷、阡陌纵横的桃花源,顿有豁然眼明的开朗了。个人的行为决非沧海一粟,当其涌上社会行为风浪的顶尖,即带动生命力寻求更为良性的循环。此时回望那智窍大开心时分,令人何等眷念不置啊!

中山先生,以他的学养、识见、修为、口才、敏悟、大气、坚忍、勇毅、平和,综合造成一种极饶魅力的人格形象内涵。在世界各地奔走革命期间,影响吸引各阶层人士,所在多有。1909年在美国巴蒙演讲足足三个多小时,听者多感动泪下。公宴会上,当地侨领及致公堂首领簇拥着中山先生,推他坐首席。当时,有一位青年,跑到他跟前,恭敬叩头说:“我要跟随先生革命,替先生挽皮包。”中山先生说,革命是要杀头的,你有这个胆量?青年答曰:“杀头?我不怕!”这个青年就是现代国术技击家马湘先生。他是加拿大华侨领袖的子弟,1915年回国讨袁时,正式跟随中山先生,先后担任卫士、卫士长、副官等职,至孙先生在北京病逝为止。中山先生1924年离穗北上期间,曾绕道日本,船抵神户时,日本士官学校的百多名中国留学生前来迎迓,一致表示愿辍学归国听先生驱策。先生勉其用功研究,将来回国效力。学生又要公宴先生,先生以节省金钱时间相劝婉谢之。先生致力革命四十年间,这样为民众所理解崇仰的场面真是举不胜举。即日本财阀，也对先生执礼甚恭。又如张作霖，当中山先生北上抵天津时，张即派人告知将在天津行辕举行欢迎大会。先生当日访之，次日张氏回访，“张作霖到张园来见先生，一连来了二十辆汽车，卫士足有百多人，戒备森严，张向先生表示，他决心追随先生，并说他愿作先生的卫队长”（马湘：《跟随孙中山先生十余年的回忆》）。会见时，马湘在室外警卫，他和张部一位上校警卫闲话。上校问中山先生的卫队有多少人，马湘告诉他，有六人。对方听成六营，极惊愕，说六个营？驻何处，马湘再说明是六人，不是六营。他更诧异，觉人数太少了。孙先生这种魅力，是政治家把中国导向正轨的极大助力，即如云南军阀唐继尧，其敬服中山，也出由衷，护国战争时，秘密致函中山先生：“窃盼我公登高一呼，俾群山之皆应；执言仗义，重九鼎以何殊，一切机宜，祈予随时指示，得有遵循”（《孙中山年谱长编》，第963页）。这些，可从侧面说明中山思想的深刻性、广泛性及可行性。

观察一个政治家，既要看他的既有成就，更要看其潜在能力。中山先生确乎是把理想主义及实际经验结合到最佳结构，经验与理想，互为提携、制约、补充。险阻艰难、经纬万端的时代，仿如海上风暴，每一朵浪花，也皆似有食人之感。他就要在那样的时分运作奋斗，寻求变更之道。这和徒以画饼驭人的权术家有着本质区分。后者告诉你，希望的事，迟早会实现；但即便小有实现，却完全变质变味，结果全国几代人，都成他的试验田。

我们一般人，为恶劣环境所腌渍酱化，简直不敢相信曾经有过的伟大人文理想及实践。结果最害怕的事，往往是我们获得解放、脱离苦恼的唯一门径。给先烈扣上时代局限方冠的评论者，大概都是些一味素洁的“素食主义者”。蔬菜，固属清洁植物，然而它是吸收什么长大的呢？对此，刻寡的评论者大约不加理会，要说时代的制约局限，则任何时代概莫能外。

南非民主圣人曼德拉的长相是那样的厚朴诚恳：作家索因卡接受采访时无话不谈。他提到自己的偶像是前南非总统曼德拉：“我欣赏他经过了牢狱之灾,仍可以坚忍地追求自己心中的声音。”索因卡，是1986年诺贝尔文学奖得主，他在1991年时与曼德拉认识，对他的勇气和坚强的意志，尤其是“挥别昨日，勇敢面对未来”的态度，特别敬佩。

被罗马教皇诬蔑为“糟蹋上帝葡萄园的狐狸”的马丁神父，曾在美国波士顿的一座犹太人蒙难纪念碑上，留下一段名言：“起初他们追杀共产主义者，我不是共产主义者，我不说话；接着他们追杀犹太人，我不是犹太人，我不说话；后来他们追杀工会成员，我不是工会成员，我不说话；此后他们追杀天主教徒，我不是天主教徒，我不说话;最后他们奔我而来，再也没有人站起来为我说话了。”马丁牧师留下发人深省的彻悟。他曾是纳粹的受害者。他在晚年忏悔自己当年的道德污点时写下这段话。一个人彻悟的程度，恰等于他所受苦难的深度。由此我们来猜想一下马丁神父的面容上的气息和神色，那是怎样的深邃和磊落。痛苦中领悟的境界，是如何弥漫惊心动魄的省察，是如何饱经忧患后的智慧再生，是如何最后关头的道义担当。这样的的面容，必然包含大悲悯大警醒，当永远不灭，当永远闪现于人类追求文明的脑海。就算他在后人心中有一千种形象，其焦点，也必然是暮鼓晨钟一样的伟岸沉重。

据2005年11月2日《南方都市报》报道，美国司法界的少壮派，特别检察官帕特里克·菲茨杰拉德，在美国法律界素以正直闻名。负责独立调查“特工门”时，他年四十四岁，随着美国“特工门”案愈演愈烈，他频频在媒体电视上露面。奇怪的是，许多平时从不过问政治的女性着迷追看“特工门”新闻。不过，她们实际对案件本身毫无兴趣，只为能在电视上多看一眼菲茨杰拉德。原来，菲茨杰拉德凭借其成熟男性魅力和正直人品，一夜之间成为让美国女子倾倒的“万人迷”。

10月28日，当菲茨杰拉德出席一个新闻发布会、向媒体解释将起诉副总统切尼办公室主任刘易斯·利比后，其潇洒举止令一名女记者芳心大动，忍不住在其专栏内写道：“究竟是我太奇怪，还是菲茨杰拉德太帅？”

29日是周六，美国著名长寿喜剧电视节目“周末夜现场”的女主播蒂娜也在节目中公开表示对菲茨杰拉德的爱意，甚至暗示她可能放弃女性矜持，打算“倒追”他。她说：“菲茨杰拉德整洁、说话和气，充满男性气概。他那清晰浑厚的嗓音、富有穿透力的蓝眼睛和无懈可击的正直人品，令我重新对美国恢复信心，也让我想要做一些以前从未做过的事情。”她因为他，竟然恢复了对美国的信心，其魅力一至于此。

达尔文有很多科学界、人文界的朋友，其中赫伦告诉他，美洲的红人认为最美的妇人是有阔而平的脸面，小眼睛、高颧骨，低额头大腮帮，黄褐色皮肤，及下垂到腹部的乳房的。他的另外一个朋友博拉思曾经游览中国北部，证明当时中国人以阔面高颧隆鼻大耳为美。他还有个朋友认为，斜眼为中国人和日本人所固有。关于这一点，不才以为可能受了中国民间地方戏化装的影响。关于民族之间的审美认知，中国内陆人认为欧洲人的白皮肤高鼻梁是丑陋的，事实上中国至近代以前，对西北的游牧民族面相都看不大惯，认为他们的鼻子像鸟喙。关于这一点，还记得《管锥编》里曾经引用唐代人眼中的胡人印象："唤出眼，何用苦深藏；缩却鼻，闻香不需高。"关于肤色，非洲的黑人，也看不惯欧洲白人的皮肤。曾经有个黑人小孩子见一白种成年人，高声道："看哪，这人好像一只白猿猴。"因为，黑人相信魔鬼与幽灵多呈白色，还有他们认为白色是不健康的征兆。当地有一黑人男子甚为英俊，但他的皮肤比较白，不够黝黑，竟无女子愿嫁之。而晚清时节，一个广西官员，见到英国使节的妻子，颇为轻视，说她是"其白如犬，其淡红色如马铃薯之花"，说明中国人也不喜欢欧洲人的白皮肤。种种事实证明，种族之间的审美大异其趣。现在的时代，面相上有异域情调的，无论男女，总是被审美的时尚所关注，但在晚清的末年，那还不被看好。上海的一美女，人家介绍他与一香港男子相识。那人的长相，有严重的欧化倾向，于是这女子很不大高兴。看他鼻子又是高的，眼睛又是抠的，心上总有点疑心，不大高兴。这是见于李伯元《文明小史》的一则故事。李伯元评论道："他心上已经明白媛媛不喜欢外国人。中国女子智识未开，难怪有此拘迂之见。"

丰子恺 1959 年写的《九江印象》，强调这样的意思：九江的男男女女，大都仪容端正，极少有奇形怪状的人物。尤其是妇女们，无论群集在甘棠湖边洗衣服的女子，提着筐挑着担在街上赶路的女子，一个个相貌端正，衣衫整洁，其中没有西施，但也没有嫫母。她们好像都是学校里的女学生。但这也还在其次。九江的人态度都很平和，对外来人尤其客气，到处都过着和平的生活，绝不闻相打相骂的声音。向人问路，他恨不得把你送到目的地。令人惊讶地域区别对风俗人情的影响的伟大。

摄影家菲尔·波吉斯的作品拍摄世界各落后地区的人像，那些因地理、文化、历史、血统和生活方式不同而相貌、表情各异的脸上，却呈现出乎意想的一致的精神内容，同样有着非常统一的图式：一律的方形构图，棕黄的古朴色调，人物眼神一派平静、无邪而略带忧郁的气息。他的照片不猎奇，无非要告诉人们他所认识的道理：生存是如此的相同，抛开身体外形和文化不同，从各种意义上说，所有的人全都一模一样。菲尔·波吉斯企望用摄影的方式,超越种族、文化诸多世人认为重要的因素,挖掘出人类至深至纯的“神性”——从平凡甚至贫穷人的人性里发现神性。

有的相貌有大的缺陷，为短寿之相，也即是夭折之相。那就比较麻烦了。民初的诗人叶长青，他家的上几代都是寿命短促，于是他很警惕，力求改变他的相貌，想靠改变相貌来增加他的寿命。这个先天的决定,怎么能轻易改变呢,但他信心十足。他的理论是“修相以延年”，如何做呢？他没说。我想，无非是增加内心的沉静，来加强整体的定力，由此来支撑内心的渴求，于是相貌有可能在气质上有所改变。

相貌在遗传方面呈现一种渐进的、层积的变化方式。达尔文《物种起源》很明确地说：“人们相信，世上的贵族，多少代以来，从不同的阶层选取美貌的女性做妻子，已经变得比中产阶级更加美丽英俊，按欧洲的标准来说是这样。”

关于胡须。亚洲男子须发不及欧洲人种浓密。有的地方还有谚语：“女子不嫁毛人。”但中国古代，如曹操部队战败扰民，自割其须以示惩戒，其严重性以抵死刑；虽为奸雄作秀，也大抵可见男人胡须的重要性。但在多须人种赞美其须——古时候的英国先民，有不成文法，失须者罚二十先令。达尔文说，大洋洲的斐济小岛居民，其须茂密如棘，最以此自傲。这也可看出，不同人种间，对美的嗜好和认识迥然不同。

达尔文说：“西海岸黑人平阔之鼻及突出之颚，乃非洲居民之例外体型。黑人颇不喜白人之皮肤颜色，他们又厌恶碧眼，以为白人之鼻子过长，口唇过薄。黑人颇重视体格，对于最美之欧洲妇人，远不及对黑人女子美观的偏好。……许多美洲红人皆称赞极扁之头，为我们所视为愚痴者，殆无可疑。西北海岸之土人将头压为一尖圆锥形，是所以增加其所好圆锥形之高。”（马君武译：《人类原始及其类择》，第三部）可见审美的特殊变更，各种特性皆可发达为美。

# 第六章

现时代的相貌经济学，美貌是一种储备——美是稀缺资源——选美与经济报酬——求职，写真集：相貌推到前台——虚荣心与物质社会——商业性选美和生物需求——婚姻与相貌经济——相貌与婚姻怪态，他为什么选择丑女——诸葛亮与郑孝胥背道而驰——贫寒的美女、经济的魔杖——昂贵的男女遇合——美色与人的天性——红颜薄命，但也不尽然——性政治，奶头与拳头，脸盘与地盘——美人与权力的管道，怪态与常态——美女鉴赏：内涵和外在——艳遇：女性对男人的相貌期待——古代现代的化装术，对容貌的巨大补充——达尔文的论证——化装术与生俱来——化妆与身份，必要与可笑

*

美貌经济学，经济学者多注意之。美丑难以界定，研究者遂将一群样本相貌给评审人打分数，由最美至最丑迭次排列，然后分析其所得数据，发现一般被认为较美的人，做同样的工作，报酬较高，可能由于拥有美貌者较能促使该公司的营业额上升；随后又以法学院毕业生的资料作研究，发现美貌者多负责出庭打官司的外部工作，而貌丑者则多担任内部工作、处理文件和研究等。可见分工的巧妙。

另一项发现是：平均而言，因美貌而提高收入的作用，对女性比较明显，因为美貌女性会继续工作，赚取较高的收入；缺乏美貌的女性，会离开劳动力市场，嫁人去了。不幸的是，她们的结婚对象，平均收入都较低。

一般说来，貌陋者可以靠美容对自己进行投资，从而提高收入。奇怪的是，一个实证研究显示，花费于美容的钱虽可使美貌增加，但由此引起的收入增加却不足以支付美容费用。换言之，美容费用只能视为消费，而不是投资！——这令人难以置信，但却是经济学者的研究结果。

某年的港姐杨思琦，当记者问她的最高学历，所毕业之母校，她半真半假地答道："美貌就是毕业证！"在她看来，大抵不外乎是：美貌，只有美貌，才是创造历史发展的动力。她们实在来不及"韬光养晦"了。

1985年美国模特儿杰丽曾说，她妈妈教给她轻易控制男人的方法："在客厅里做处女，在厨房中做厨师，在卧室做娼妓。"这个意思并不特别的精彩，因为这也是老生常谈。周作人先生早年译文中谈到"寺内安详，床上放荡，外出端庄"云云，就是这个意思，关键在这位模特儿的后两句发挥，她说："我会雇用另外两个人，我自己只扮演卧室里的角色！"（安妮史蒂布：《女人语录》：光明日报出版社）其妙语解颐，可谓雌性的雄谈！美貌的自恃、自信，以及天然的作为武库的运用，是那样的一泄而出，可见美貌作为一种储备，是怎样在女性身上发生作用。

美是稀缺资源，美女是稀缺人才。选美会亦是这类型的人才交流会。香港的选美为不少美女进入娱乐圈提供了机会，各个公司的星探也利用这个场合寻找摇钱树。香港娱乐业是个大产业，把娱乐业看成是经济而不仅是文化，这样或许能让人把美丽看成一种经济资源。

选美会在世界各地流行，在这种频繁的商业性选美活动背后，给美女以荣誉和金钱，在选美比赛中胜出者，不但可获丰厚的奖品，而且"美貌与金钱并重"，其收获又岂止赞助商送出的礼物。美貌的人在社会占尽便宜，到处受欢迎，物质与精神收获俱丰——这种不美丽者无法得到的待遇，经济学家称之为"美丽贴水"。

一年一度的"环球小姐"可以获得总价值为二十五万美元的奖金和奖品，并可能成为世界级的模特儿或者演艺圈中的红人，前途将因此而不可限量。得奖后一年里她还将环游世界，参加各种公益活动。"世界小姐"也可获得十万美元的奖金和价值十五万美元的礼物。

历年来，美国为选美而设的奖金数额固定——“美国小姐”获得四万美元，亚军得三万美元，季军得两万美元。而香港小姐因每年赞助商不同而获得不同额度的奖金和奖品。1986 年亚洲小姐（香港）冠军奖金曾高达一百万港元，其中包括花园洋房、豪华汽车。

其他如新加坡举办的“世界福清小姐”选美赛桂冠，奖金奖品非常丰富，冠军除奖金外，还可获得一栋独立式洋房。

当然，更多参与选美的女子看中的是将来的物质前景。

历年选美得主，有的借此获得了事业的辉煌成功，最好的例子是港姐出身的张曼玉获得亚军后，如今已晋升为具有国际影响的东方女星。

据报载，访员在人才市场观察发现，迫于就业压力增大，不少大学生的求职信也是花样百出。近时有女大学生在其简历中附半裸彩色写真照，并注明她“能歌善舞、貌美端庄、温柔贤惠、社交能力较强，能喝酒……”主观上，大学生们自认为有文凭撑腰，求职期望值过高，一出校门便欲直奔“白领”。这样自然就自我缩小了自己的应聘空间，同时也增加了求职成功的难度；然后又在四处求职无门的情况下，出此下策，并弄出如此“自我作践”的无奈之举。客观上，每年毕业生递增，各个岗位上冒尖的人才纷纷跳槽，从而使得人才市场的竞争变得异常激烈。在这种情况下，不光就业压力逐年增大，用人单位的胃口也越来越刁，甚至动不动就要求应聘者懂电脑、会英语、有驾照，而学历也往往定格在研究生、博士生上，这就很容易令求职的大学生们紧张(《扬子晚报》,2003 年 2 月 28 日)。

情形如此，像在求职，也像征婚。那不要紧，世道再怎么变，都变不出唐僧给孙悟空划定的那个圈子，七情六欲，四处崩溅，像受了魔鬼的指使。说学生庸俗、说她们寡廉鲜耻，都不合实际情况；因为在缺乏游戏规则的社会，她们这样强调相貌，把看得过去的相貌一下推到了前台，倒还真是“打蛇打七寸”呢！

又“四川网络”在线消息，某日下午2时，糖酒会形象小姐选拔复赛在跳伞塔某广场拉开帷幕，一百五十名佳丽为进入决赛圈展开角逐。据悉，决赛产生的冠军将得到日薪万元的促销机会，这也是历届糖酒会前所未有的天价。那日虽然冷风飕飕，但随着美女们的相继登场，现场活动气氛持续升温。据了解，参赛选手来自全国各地，超过一半的选手是各大专院校的学生。经过十多轮的角逐，直到8时许，始决出五十名选手进入决赛圈。糖酒会文化活动组委会此前一天对外公布了形象小姐的“身价表”。据悉，其价格与漂亮程度密切相关，而且按天计价；其中，获得最佳单项奖的形象大使日薪八百元，十佳形象大使日薪一千元，亚军六千元，冠军高达每天一万元……

“明星”占有的知识、技能甚至美貌等“自然资源”只是其拥有的资源的很少一部分,为其攫取财富的更为重要的因素是大众的“注意力资源”。然而大众所注意者，正是外貌等浮现在外的先天生理特征。注意力经济对传统的所谓“酒好不怕巷子深”、“埋头拉车不问路”、“响鼓不用重槌”等等传统的与“注意力经济”背道而驰的观念，客观上是一有力的反驳。注意力经济的思想，最早出现在对大众媒介的分析之中。美国传播学家麦克·卢汉早前指出，电视台实际上是在租用我们的眼睛和耳朵做生意。电视台购买大众注意力的投入，是要制造我们爱看的电视节目，而我们是用注意力来为看节目交费。我们交给电视台的注意力，就成了电视台巨大的资源，然后他们将这一资源高价卖给需求这种资源的人（需要做广告的商家）。对于生产商来说，做广告就是在高价收购注意力。

一战前后，欧洲的贵胄以及美国的上流社会，男的莫不卷入政治旋涡和金钱之争，女的则着意于打扮化妆，尤其热衷于宝石、钻戒。林行止先生以为，此间大有经济学的原理在里面。因为通过对相貌和身体的修饰，在社交活动中表现出她们的消费倾向。一位不事生产的贵妇佩戴价值连城的钻戒，或驾驶限量生产的名贵房车，则以炫耀向别人传递联想。由于丈夫的财产不是其本人体现，而是由其妻子儿女身上间接反射，异常，这又称为“代理性消费”。其底蕴，乃是由于虚荣心在物质社会中挂帅使然。外边的装饰表现其社会地位，于是代理性消费遂成泛滥之势。

现代人相较于古人，在男女问题上，明显有时间经济学的因素参酌其中。旧时代生活悠闲，有足够的时间区段供人们倾诉衷肠，诗词文章绘画……表达心情，从容等待，以期水到渠成，甚至上升到哲理高度的谈玄。现代社会的生活空间大为密集，容不得闲庭信步，情爱欲望首当其冲，不得不采取速战速决、快刀斩乱麻的策略，此乃下意识地感到时间的宝贵，因为时间已成为无形的罕有的商品。是故，现当代人对异性相貌的观察，也自然增加迅捷的处理，尽快地付诸行为，此较古代为甚。

清代的私刻本小说《定情人》写到一个妇女，收了人家的聘礼，知道要将美貌女儿嫁与公子，“想着这个好女婿，自然穷不了，就欢欢喜喜”；她女儿也“甚是贪爱”。美貌经济学，自古而然。

同在这本小说中，对美与丑影响人生的行为有诗来表达："野花强窃麝兰香，村女乔施美女装。虽然两般同一样，其中只觉有商量。"丑经过装扮粉饰，向美靠近，其背景也是向财富靠近。但人的生物本能却固执地分辨出两者质地的区分。

招聘会上以写真集为突破口的女生，是否真的愿意做此出头鸟？尚难以断定，不过她在内心认同或接受了社会的潜规则，是无疑的，人性规定了，谁也不乐意从事低贱职业。那一种不成文的社会信息，是一种的诲人不倦。大半还是无奈为之的吧。从另一侧面看，生存竞争，也端的是于今为烈。性格温和的南丁格尔，曾经就妇女的失业问题，大为光火。她甚至给她们争取了相当的高薪，也没有多少人来应聘，其原因，可断定乃女人懒惰不愿做事而已。那时正值战争期间，可是，生存竞争还略有温情脉脉的面纱，拿写真集来找工作，在她们，确乎是“做梦都没有想到”的吧。那时候的妇女，追求的还是精通一门技艺，来应付某种职业，以求体面地养活自己。

社会的价值真空导致人们行为上没有价值依据。几十年以来，传统的尚有生命力的道德规矩遗失殆尽，同时又拒绝了西方的价值观念和宗教意识。于是国人恐怕除了钱，什么也不信了。人们就像无头苍蝇，到处乱撞。什么新鲜、时髦、刺激就做什么。中青年人尤其如此。这样一来，着意相貌这种较为浅层次的、较为表皮的人物识别法，就从欲望的海底，左冲右突，冒出前台。

相貌总是一般性的居多，商业性的选美包含了人们的多种欲求。

经济规律显示，当一个消费者需要某种商品或服务的时候，市场自然会产生供应；当需求量增大，消费者人数增多时，该物品的价格就水涨船高。美貌在每一代人中，只有一定的量，不会太少，但也绝不会泛滥。历年的选美是特殊商品的再生产，其消费形式和过程都相当特殊，在自由和奴役之间拉锯；但其性质，和市场规律并无二致。因为人性在那里垫底，价格多成居高不下之势，消费者除了以婚姻形式固定以外，尚有动机复杂的种种特殊消费形式。

美女甚至将寻觅丈夫作为衣食的来源，消费品的供应仓库，或社会地位的基础。以美貌作为资源，来寻求依赖，事实上已发展成为一种事业——为变异了的生活所进行。英国作家格里麦斯顿，当中世纪的时候，他就说：一个美丽的女子是眼睛的天堂，钱袋的炼狱，灵魂的地狱。“燕雀安知鸿鹄之志”，要晓得她们的心理，看来还要“活到老，学到老”。

中国旧时的婚姻是媒妁之言约定，那么，他们对丑陋的妻子或至少不满意的对象如何处置呢，也有打算的。谚语说：“娶妻为其德，择妾为其颜。”总之，有的是办法来转圜调节。

婚姻中的相貌比重如何？古人早有言之。“以色事人者，色衰而爱驰。”（《史记·吕不韦列传》）“妇人所以事夫者，色也。”（《战国策·楚策四》）晋代的女诗人谢芳姿在她的《团扇歌》中说她已经憔悴不堪了，不是旧时候的漂亮风姿了，没有信心和心上人相见了。面容一变，心理都脆弱不堪承受。最直接的是汉代的李夫人，她说：“上所以挛挛顾我者，乃以平生容貌也。”在此，容貌就是出身，就是身份证，就是通行证，就是获取恩宠的利器。

这样一来，“君生日日说恩情，君死又随人去了”，也就不奇怪；为什么呢？因饥饿要温饱，因性恶要享受，也就必须受到经济力的制约。在社会中，这是多无奈的“双向选择”啊！

诸葛亮择妇的故事值得揣测。诸葛亮是何等睿智之人，他对相貌的研究实开曾国藩相人的先河。裴松之注释《三国志》，记述一奇事，说是有一回，曹操派遣刺客刺杀刘备。刺客装出有学识有奇略的样子，拜见刘备，谈天下大势，很得刘备的赞许。那刺客正要有动作的时候，诸葛亮进来了。那刺客顿时相当地不自在。诸葛亮于是晓得他有问题。刺客无法，起身去上厕所。刘备说，这个人是奇人，他可做您的助手。诸葛亮叹息道：“我看这个家伙神色颇不平静，深心恐惧，眼睛往低处看，扫来扫去，而且他的面容有奸诈的消息，说明他心中有鬼。一定是曹操的刺客。”于是派人缉拿，谁知那人已经从厕所越窗逃走了。

关于诸葛亮的婚事，因他娶了名士黄承彦“黄头黑肤”的丑女，而被传为佳话。诸葛亮本人气度雍容，高贵从容，“身长八尺”，难道偏偏对丑女人情有独钟吗？实则他可能有出于政治的考量。他来襄阳后建立起来的人事关系，与当地豪强势力联姻应是迫切需要。他和荆州牧刘表统治下的襄阳的两派豪强势力都建立了密切的关系。黄承彦是当地名士，和刘表家族有千丝万缕的亲戚关系。这种关系既是其政治资源，也是他的信息源泉，为他观察分析形势，了解天下大事提供了得天独厚的条件。

黄承彦的女儿是历史上有名的丑女，和无盐、嫫母等齐名。诸葛亮的不嫌弃丑女，还跟他大处着眼的人生观有关系。早在他的青年时代，和他一起游学的几个青年朋友，读书重细节，诸葛亮笑话他们，说是他们只可以做中等的地方官；而他自己，观察天下大势，不斤斤计较于细节，心中自有把握。这也影响到他的婚姻选择。也许他对生理的面貌就不大在意，那不会对他的心情有什么大的影响。相反，凡夫之女，就算有美貌，诸葛亮也不见得会迎娶的。

1917 年的宋美龄也算是“海归派”，她以家族的财力与强人蒋介石联姻，也造就了豪门政治权力中心。无数“海归派”投到蒋宋门下，携带他们的人生期望。他们饱受西式教育和文化熏陶，却也善于利用知识、地位、军力和权势搜刮民脂民膏。

宋美龄有着与生俱来的聪明、美丽，举止优雅，当时真是耸动视听。20 世纪 40 年代前期她在美国国会演讲，向民意代表陈述中国抗战的艰难困苦，以美貌和情调盎然的口才征服了美国人的心。从而争取到巨量的美援。她最大限度运用了美貌经济学。她建立收容阵亡将士的国军遗族学校，并为之奔走，然而她自己也终身享用过度的豪奢。返国途中，她装满高级化妆品、皮服睡衣的箱子占据运力紧张的美军飞机，曾引起美军愤慨，将散落出来的贵重行李踢来踢去。

人的第一要义是要生存，自由的生存，因为自由是生存的意义所在。所以就经济的考量而言，年轻男人思索的前程和事业的打算之际，青年女人则在盘算她们能嫁一个什么样子的丈夫。可是为了达到这个目标，很多时候却是以失却自由为代价；当中有多量的矛盾纠结，最是不自由，也就自由了。米兰·昆德拉说：女人不找英俊的男人，而找那些与漂亮女人在一起的男人。这是天性里面的蹲点侦察所获结果。相貌美是女人最具兑换力的资产，它可以用来换取社会地位，换取金钱，甚至换取爱情。但这份资产依赖于一具会逐渐朽坏的躯体，所以这是一份既可利用又将失去的资产。容颜的美丽，如同扳机扣动时的一道闪光，像精致优雅的一瞬间的平衡，又像迅速一顿的后坐力，其短暂性是令人无可奈何的。

相貌对人生的影响，主要是作用于人的心情，或正面促动，则善莫大焉；更有负面影响杀灭人心，杀灭向往，甚至因心情的恶劣给人生造成重大跌落的，那就悲不自胜了。钱锺书先生《石语》记述民国老诗人陈石遗老先生对此事看法，很值得今人记取。陈老先生赞成结婚恋爱用新式自由的交往，认为这样了解全面，以舒解包办婚姻造成的种种矛盾。包办婚姻也有好得不得了的；但那就像买彩票中大奖一样，机会太少了。他说当时的社会大人物、名流郑孝胥相貌堂堂。他的妻子是一淮军高级将领的千金，她的相貌有多丑陋呢？很丑：她的头发差不多掉光了，小脚有点瘸；身体矮短，脸上都是麻子。她的性格更凶悍，没谁惹得起。郑孝胥每天半夜就起床了，假装说是锻炼身体，以备指挥军队为国所用，实际上呢，他是跑去和那漂亮的小妾共枕同眠去了。此事情也为他那丑妻侦知，酸酒力大，妒妻气大，于是破口大骂，难听的脏话越过大宅院的上空，给别的人家都听到了。社会上认为，家里面的事情，都如此糟糕，怎么去治理国家呢？这是相貌影响心情，酱渍人生的一个显例。诸葛亮说“我本是卧龙岗散淡闲人”，郑孝胥们怎么做得到呢？

从体貌上来讲，陈老先生以为，女人的身躯不能太娇小；太娇小的女性，不美且不说，中年以后，还会发胖，呈现肥而圆的形状，那也必然影响心情的。

女人，普遍而言在经济上是男人的附属品，一方面男人要炫耀自身的高超的社会性，另一面，从异性相吸的生物性上讲，美貌更显得非常重要。它使得女人更易博取男人的爱慕，更易促使男人将其经济社会资源献出共享。即便双方才、财相当，也在细微的差别之外，由女性的年轻貌美作为补偿。所以这样的姻缘合乎世俗小老百姓的理想。

在婚姻中，一般认为美貌所起的作用总是负面的。当代南非的诗人坎贝尔以为，翻译就像妻子，如果有几分姿色，那就很少有忠实的。这是说文学翻译，直译的不可能，和翻译中必须变通的事实；同时对人性揭示，也颇为中的？为什么呢？也是因为，在经济社会中，美貌和人的生物本性联络在一起，异变为一种极为特殊的商品。商品的本性是要流通，于是和道德产生了难以弥补的巨大鸿沟。在此美貌好像一种有机物，自我活跃起来，不大听道德的指挥。

这一种女人潜意识中将自己标为出售品，提高婚姻的前期侦察，在婚姻中得到“工资”。她关心的是这个男人的财产,而不是他本身。只要有机会，她便将自己转售给更富有的男人。她愿意被豢养，却永远也不会驯化。她们一方面极为懒惰，一方面又为了保持懒惰要非常勤快：勤快地寻找婚姻的投资，哄骗男人来供养她的生涯。她们永远都会因地制宜地“摸着石头过河”。

吸引力强大的女人，除了光彩夺目的外貌，好学多才艺、机智的对答，更使其成为大众媒体和世人的目标。

英国的谚语，很明确地说：“出身贫寒的美女，她的情人总比丈夫多。”在阶级社会出现以后，经济魔杖的调剂作用，或影响人的生活方式的宿命。当然，这一切，也是冠冕堂皇的，女性不愿做池中之物。巴尔扎克说没有一个作家写得尽金钱社会下的罪恶，诚哉此言。财富总是掩盖罪恶，穷困则像别针一样赤条条的，此一点，不难解释贫家的美女，情人多过丈夫的缘由了。无情最是黄金物，变尽天下儿女心，是的，没有什么东西能像金子一样融化女人的心。这样一来，人们似乎很难浪漫起来。事实上也是这样，浪漫只是我们的一种向往，现实中缺少的，大都转移到纸上去想象去过瘾去了。

事实上一般的社会心理是，一个当妻子的为了被人养活，就做了一笔永久性的性交易；而一个未婚的女人因此也必须做同样性质的临时交易。无论中外，离婚的要求赡养费，就意味着妇女在经济上一筹莫展的观念。美为哲学家所沉思，却由色情画家来加以表现，这不能不算是一个绝妙的反讽。美表现为肉欲，又表现为想象——两者在美中平分秋色。美将女人引到一个男人需要她们的地方——这不仅是政治权力结构的需要，也由经济权力在起作用。

鲁迅说："喜怒哀乐，人之情也，然而穷人决无开交易所折本的懊恼，煤油大王哪会知道北京捡煤渣老婆子深受的辛酸，灾区的饥民，大约总不去种兰花，像阔人的老太爷一样，贾府上的焦大，也不爱林妹妹的。……倘以表现最普通的人性的文学为至高，则表现最普遍的动物性——营养，呼吸，运动，生殖——的文学，或者除去'运动'，表现生物性的文学，必当更在其上。倘说，因为我们是人，所以以表现人性为限，那么，无产者就因为是无产阶级，所以要做无产文学"（《"硬译"与"文学的阶级性"》）。在这里，鲁迅强调了人性中的两个不同的侧面——不带阶级色彩的普通的动物性和与经济地位相联系的阶级性。灾区的饥民中，一般不大可能养植和欣赏兰花；但生活中各式各样的"焦大"，由于千奇百怪的原因，也有爱上"林妹妹"的。劳动人民出身的仆人爱上娇小姐的事例，或者公子哥爱上年轻美貌的丫鬟的事例，却是屡见不鲜的。曹禺名剧《雷雨》中周萍、周冲与四凤的爱情关系，即是显例。童话中这样的故事就当然更多，事情的结果，还是往往以经济的制约而走上了悲剧之路。

美色与人的天性相依。魏明帝时期的吏部郎许允，他的太太阮氏容貌奇丑。刚结婚他就成了一个不回家的人，家人忧虑得很，一天有客来,阮氏令丫头看之,原来是大司农桓范。阮氏知他会劝丈夫，果然，他劝说许允：人家嫁人给你，总是有理由的。这位许兄，便走进里屋，一看之下，还是没有吸引力，转身就走。他太太果断拦住他。许兄有气，便问：妇有四德(妇德、妇言、妇功、妇容)，你有什么呢？他太太说，我所缺乏的，只是容貌，然而士有百行，你有什么呢？他说,老子都有。太太说,百行以德为首,你好色不好德，啥叫都有？许兄当下愧怍不已。以后他们即相互敬爱了。

这是《世说新语》卷十九的一则故事。相貌美丑乃先天既成事实,不能自己选择。古代智识者用心良苦,拈出这一故事,大加褒扬。老许爱美厌丑，先是那样决绝，经一番简单的思想教育，毅然转变，来得太突然，实乏说服力。此事古人极称之，曾多方转摘渲染。

与此恰恰相反的是许指严的《金川妖姬志》,记清代云南剿匪事。蛮女阿扣，先嫁一匪首，以美色使众匪首斗；然后令前来剿匪的大将军岳钟琪(曾静案告密者)神魂颠倒，复使督军的大学士、云贵总督张广泗沉醉迷瞪、着魔般痴念燃烧。此三人为阿扣展开了老谋深算的钩心斗角，夺来复去，去而复夺，密谋暗室中，运作深山里，刀光剑影，险象环生。剿匪反而成了他们打击政治对手及情敌的手段。一番目不暇接地反复曲折之后，事情闹到清高宗那里，总督及大学士人头落地。此前风声走漏，朝廷对之即有道德劝慰、功名期许，然而效果只等于零。他三人明争暗斗期间，妖姬阿扣得了空闲，又在各土匪部落间挑起战端。她相貌如何呢？“阿扣绝艳，两颊如天半蒸霞，肤荧白为番女冠，有玉观音之号。”可见，妖艳罕俦，尤物移人，实具有一种惑阳城迷下蔡的魔力。妖姬颠倒众将相；美人英雄，他们为“无毛两足动物的基本根性”所左右，造成可叹可悲的种种历史事实。古希腊美女海伦，令特洛亚人见者心醉，两国之间为她打开战争的沉重大门，状如疯魔。妲己、褒姒，亦如天仙下凡，影响当时政局渐变。柳如是“姿韵绝人，钱宗伯一见惑之，买为妾”（《柳如是别传》，第二章）。河东君假如跟许允太太一样“奇丑”（殊不可想象），那么，即令她一样才华横溢，一样饶于气节，她对钱牧斋还有何影响力？只怕不产生心理腻烦就谢天谢地了。

看这些活报剧，更觉许允两口子的事不可信，他的思想转变心悦诚服尤不可信。设若将《红楼梦》中林黛玉一角改为丑八怪，其余一切描写不变，则该书之“典型性格典型人物”还有成立的理由吗？后世还会有什么“红学”吗？大伟人还会说“起码读五遍”吗？十年浩劫中“四凶”教唆红卫兵小将，好像他们才是得道的圣人。小将好谀，遂与美有仇，其战报说：“资产阶级老儿们，绝不允许你们梳大背头，穿牛仔衫到处放毒，绝不允许你们抹着夜来香、擦着香粉、穿着牛仔裙、高跟鞋到处乱串。”打压本性，出于无以复加的变态；仇视美的后面，是烙印般深刻的嫉妒，适从反面证明美的力量及人类惑于美的天性。其凶神恶煞，实由内虚而起；倘不加有力扼制，任其燎原，必然发展为无底的残忍。此也证明“文革”“思想教育”之失败。

《参考消息》(2001年3月30日)转法新社伦敦电，谓英国史家研究认为，令恺撒大帝和安东尼神魂颠倒的“埃及艳后”克娄巴特拉实际上是个小矮个儿，身体肥胖，容颜丑陋。

后世有伊丽莎白·泰勒、费雯丽及索菲娅·罗兰，这些明星们以其绝色美貌在银幕上塑造的古埃及女王形象实际上大大美化了女王本人。史家确认以前以为属于别人的十余尊雕像，实为女王本人，其外貌实令人无法恭维，因此断定，“她的令男人疯狂的美丽是个难解之谜，也许基本上是胡编乱造”。可见所有的迷醉和炫惑都是后世文人的幻想和明星的绝艳风姿在起作用。像费雯丽，她的百变纤腰、慧黠的大眼、精致的脸庞；赫本，美国人视她为“无可比拟的美”，如“一颗切割完美的钻石”，这些上帝的杰作，不知颠倒了多少人！面临其美的神秘“信息”，人是如傀儡般不能自持。

2003年1月27日《参考消息》讲世界最大的互联网搜索引擎(google)，它支持的八十多种文字，每天的搜索量达到一亿五千多万条。其中最多的搜索词条是：性。与性有关的搜索在每天晚上11点又达到第二次高峰。有颜色的显示屏上，这方面的词条“仿佛在燃烧”。人心的欲求，于此可见一斑。

佛家“九想破六欲”，把美色和人的结局说得很糟糕，但也是事实；不过在终局到来之前，人为其“自由意志”所驱使，美色炫惑，傀儡般演出几多悲喜剧呢？至于“能顶半边天”的女人，似乎在以其一得之愚——她们以自己的方式向男人搞“专政”，其实不过是天性的发挥罢了，“思想教育”云乎哉！西人于此深有提防，遂对政客的声色之好以能动的机制约束矫正之，他们不大做什么思想工作。

《源氏物语》第四十三节写道："二女公子相貌也很娇艳优雅，其端详又胜于乃姐，是个绝代佳人。红梅大纳言想道：若将此女配给寻常之人，实在万分可惜。如果匂兵部卿亲王来求婚，倒可使得。"这个心理描述，可见第一，美貌具有较高的社会价值，因不能和寻常之人结合；第二具有较高的经济价值，其眼光放置在亲王以上。

中文是世界上极为灵妙、玄妙的文字，常常是几个简短的字词、成语、典故，就能将事物形容得淋漓尽致，恰到好处，观者读者神而明之，心领神会，欣然独笑。譬如说"红颜薄命"，只不过四个字，却能让人明白凡是美丽的女人命运都不太好，不是命短，就是遭遇坎坷，反正命很"薄"就是了。其实从亚当、夏娃的堕落，我们就看到这雪上加霜的贪恋之罪。

红颜薄命，自古亦然。小说、戏剧或历史记载，以至现实境况中，美人的命运多半悲苦，貌美态佳，人人垂涎，而致身不由己，像物品一样被人夺来夺去，满心创痛，委委屈屈地过一辈子。可是她们仍永不放弃"爱"，仍要寻求生存的意义、人生的出路。再不就是美人娇弱，深闺多怨，感情波涌，常常是爆发性的哀恸，敏感多疑，终至香销玉殒，一命呜呼。

旅美名作家赵淑侠女士深有感触地说，古时候的红颜的确命运悲惨的居多，像西施、杨贵妃、崔莺莺、董小宛、林黛玉，都是命薄如纸的女子。现在男女平等，在很多方面，女人和男人有一样的机会，既社交公开，又有求学、就业、恋爱、婚姻的自由，照说该没什么可以"薄命"的理由了。然而事实上，现代还是有不少薄命的红颜女子，像电影明星林黛、乐蒂、白小曼，命还不够薄吗？而且不只中国有红颜薄命的女子，外国照样也有，譬如说好莱坞的红星玛丽莲·梦露，美国肯尼迪总统的遗孀贾桂琳的第二任丈夫、希腊船业大王欧纳西斯的前妻蒂娜和她的姊姊，都是顶尖儿的美人，也都在感情一再受打击之后，自了残生，是典型的红颜薄命例子。这是指有名望的“红颜”；其实没有名望的“红颜”，默默含恨而终或凄凄楚楚挨日子的也有的是。

她说，今之社会男性贪婪、占有欲强烈，缺乏含蓄优美的人生观，乃是因为他们见到美女，往往不能以欣赏艺术的心情远远观赏，而顿生不能遏止的占有欲望，力求据为己有。

至于美女们呢？因为一向被人注目、赞美、倾倒，就难免不产生一种“美丽的自觉”，觉得：我是美丽的，是与一般相貌平平的女人不一样的，我的条件比她们好，我的生命比她们更有意义；也就因而不自禁地产生一种“特权”心理，潜意识地以为高于其他的同性，对人生的收获有权力做更高的要求，并且自信有能力也有资格去争取。

基于这种心理，相貌出众的女孩子就显得比一般女孩子的野心大、欲望多，要凭借出众的容貌，争取更丰富的人生。

在这样的情况下，对人情世故不太通达，对人生阅历还嫌欠深的“淑女”，常常会被弄得眼花缭乱，不知所从，加上因美丽的自觉而产生的特权心理，就很容易忽略了真情，便宜了其中最善于造作、言过其实、老谋深算的滑头；或是受不住现实条件的引诱，干脆就任物质征服。做这样的选择，“薄命”的条件就已具备了一半。

赵淑侠说，如果男人们看美女，能以欣赏艺术的心情、眼光，本来是极高雅的意识，但掺入那么多成分的占有欲和贪婪，就流于庸俗了。至于那种利用有利地位，觉得“玩玩”有求于他的美女是“无伤大雅”的、“自然”之事的男人，就比庸俗更坏千万倍，连“下流”都不足以形容他们的心态。那是一种不知羞耻、残忍、与野兽无异、只为满足个人私欲、毁坏别人的自私行为。这类男人在社会的某个角落里特别多，偏偏一些美女们又恃自身“本钱雄厚”，野心勃勃，偏要到那个角落去探探险，以求获得大名大利，正好把自己送上门去，给“野兽”做捕获物。这也是为什么现代薄命的“红颜”，总出现在某些固定圈子的道理。

曹雪芹巨著《红楼梦》中，贾宝玉就男人和女人发议论：男人是泥做的，女人是水做的。泥做的男人喜欢水做的女人，泥与水混合，男人没有因水的清纯变得洁净，女人却因泥的混浊而受到污染。

“英雄气短，儿女情长。”男人们酒足饭饱之后，心思多在动物性的开拓上面。爱美之心人皆有之，但美人大抵属于稀缺资源，就像艳丽的花朵，需有开花的条件。皇宫自不必说，宫廷之外，达官贵人、巨贾富豪的床笫也是美人云集的地方。这倒永不会有崩盘的时间表。

所以说，金钱随时都可以打造出新的奴隶制。

有权者与有钱者贪恋美色，因此而损了钱财，丢了江山，于是埋怨道:女色是祸水。其实这也怨不得美人，“天下熙熙，皆为利来；天下攘攘，皆为利往”。利益的诱惑有几个能够抵挡，何况弱女人。

美人天生丽质，自然是一张王牌，以此做“通行证”，八仙过海，各显神通，往往畅通无阻。只是这张王牌的期限太短，一旦人老色衰，便不再灵验。加之男人对美女的欲求太多，令美人们提心吊胆，甚至互相惹出些是非来。于是美人自叹：红颜多薄命。其实这也怨不得男人，原本他们就是周瑜打黄盖，一个愿打一个愿挨。

当然，这并不是什么新鲜时尚，只要占据了一定社会地位的男人，总要在女人的相貌上打主意，一是生物本能的享受，一是可以夸耀于人。男人十年寒窗头悬梁锥刺股三年不窥园，其相当的动力来自“书中自有颜如玉”。中世纪的英国诗人托马斯《歌集》中写美女:“她脸上似有花园吐露芬芳，仿佛天堂丽色，孕育无上甜美果实。纯洁的樱桃自由生长，无人能买，直到它们自己逐渐成熟。”这是将美貌比喻为食品的一个显例。在美色面前不能自持，即见美的力量从生殖出发，从天性出发，不请自来。

那些指望娶个光彩照人的老婆以撑面子的男人，用尽浑身解数，心力交瘁。很难说清楚这种现象是美人设置的还是男人自投罗网。但正如任何不是奠定在爱情基础上的婚姻都是畸形和短命的一样，仅仅以美人为“花瓶”，那它就会同美人的红颜一样转瞬即逝难以持久。

年老色衰是不可抗拒的。纵然你有闭月羞花之貌,终究难逃“后来新妇变成婆”这铁定的结局。而对一个美人来说，从美到不美所经历的失落期将更加残酷，因此她会更加善自珍重。更多的人还是在运用青春和美貌。当饥驱寒逼之际，她们不惜一次性的“拍卖”，或者多次的“零售”。她们在这种交易中显得那么匆匆忙忙，那么迫不及待，仿佛“机不可失，时不再来”。她们简直有点“不惜血本大牺牲”。

虽然女性首要是注重男性的经济地位，但在温饱无虞之后，其生物性也会不由自主地表现出来。美国有一家杂志针对电影《桃色交易》中劳勃瑞福饰的富翁花一百万美元买良家妇女黛咪·摩儿一夜春宵提出调查：“你愿不愿意接受这样的条件？”结果有百分之八十的美国妇女回答：YES，如果对像是劳勃瑞福的话，不要钱都可以！

台湾省报纸的当代女性调查：你希不希望在旅行中遇见白马王子（姑且不谈遇见以后做什么）？绝对有超过百分之八十的女人举手说：YES，先不要想入非非，有没有结果都可以。旅行中期待艳遇，是对出轨的一种浪漫遐想。萍水相逢的恋情令人快乐的原因就是不必有责任感。

但凡一个俏佳人，不管对你是垂青放电还是大翻白眼，她总是喜欢你向她求爱。因为那是美貌被承认的一种证明，而他们总是喜欢得到这种证明。如此执著，乃因不想将其人生走成一步死棋。

台湾小说名手李昂的《北港香炉人人插》，前些年在台湾《联合报》副刊连载，文章刊出后，马上引爆两个女人的舌战，从辩白诘难到反唇相讥，极牵人视听。

李昂这部小说，以台湾环境为出发点，探讨被压制下的反对运动，内容涉及生命、性别、死亡等议题，但引发争端的，却是“女人的性和身体作为取得权力的管道”这中心思想。七情六欲崩溅，解构多少冠冕堂皇。该书的一位女主角与民进党一女性政治人物太相像，因此，小说甫一见报，各界争相传阅，上自政坛大佬，下至普通小吏，也纷纷拿起报纸，贯彻奇文共赏一说，一时洛阳纸贵。

是这样，平时看惯了一般小说的我们，不免惊讶李昂小说的种种奇崛之处。人是无毛两足动物，因此具有动物的一切基本根性。以其为高级灵长的特点，故又超乎一般飞禽走兽，正看当然高尚，反观又适见其卑污。现代国家的行政吏治，按说早已写入堂皇之规章，而事实上交换才是内里的铁则。这种交换又以欲望、权力、美貌为底色。小说家所揭示的这种取得权力的管道便是交换贸易的重要的一种。一流小说，以其完全的虚构来揭橥彻头彻尾的真实，起一种镜鉴的作用；不必看做针对某一人所下的讥刺，而是以政治人性不良为对象，其独具只眼，有羚羊挂角之妙。人有毁誉之论，不才则以为不在表象而在内容。天下可痛哭之事甚多，而莫过于用人吏治的无规则。作家批评人性不光彩的一面，描写又带着刺激性，自然引起争议轰动；至于现实中为小说而投入纸上骂架的孰是孰非，岂不是某种形式的自供状吗？个中曲折，本已昭然。笔者只有说一句卑之无甚高论了。

可见，“香炉”也有参政权：性与政治两位一体。李昂的《北港香炉人人插》，那位女主角在政坛公然招摇她的“性自主”，也引发了女性参政的焦虑。报纸评论家有说负面影响的，有归诸窥密炒作的，有责怪某个男人不早早“出面负责”的，还有认为关注焦点应在女政客的问政能力而非身体情欲的。

其实此事既和古来的传统一脉相传，又在现代新的环境下有了新的改进。市场的开发和社会游戏规则的市井化使得男女身体的趋势，与政治和性无可分割。

在媒体将身体拓荒的时代，电视镜头的照射下，政治人物的外貌、装扮、举止都为众人所瞩目。即使在男性政治人物中，因性的魅力而获得政治实力亦非新事。美国总统肯尼迪的魅力外貌和青春身体，或是马英九英挺的面容和背心短裤下的厚实肌肉，无形中赢得好感和选票。

自古希腊开始，政客的口才就是群众政治的要件，现在则又多了身体的性魅力。这个变化其实对女性从政更为有利，因为女人通常比男人更用心经营身体。女性政客在政坛上崛起，除了她们本人的能力之外，其身体操作了媒体时代视觉的“性”政治，其装扮举止的情欲内涵与其政治影响力相映衬，都是不可忽视的重要因素。这种身体政治不但重塑了政治，也使得女人反客为主。新崛起的女政客，发动情绪化的语言，以露背装、迷你裙、修理一新的面貌携带情欲实践前来参政——那本身就是一款形象的“匡时之文”。

政治人物的相貌在其当政之际，也和他的政绩一样，随时进入人们的视野。前美国副总统戈尔，一度突然蓄须，于是那也成了热门话题。《纽约时报》说他看起来像一个在逃（逃避税局追缉）的会计师；另一家报纸则说他，此举的目的在于掩盖他落选后暴饮暴食臃肿不堪的面颊；还有的说他如此一来反而轻松自在了，也不那么木口木面了。

“北港香炉”事件隐含这样的事实：女性从政追求政治平等的同时，也必然包含情欲平等的追求，由追求情欲平等上升到追求身份的平等。性、政治、人性三位一体。对于李昂小说中的断言“我的性就是我的政治”的林丽姿而言，她的性解放和她的参政权根本就是同一回事。只是在她那里相当直接，在旧时代，相对的隐秘曲折而已。

晚清之际，有的知识分子相信，无论他维新也罢，守旧也罢，那有个钱字总逃不过去的。那时有个省级的官员，高升了，他的同僚都来道贺，说是恭喜！也有平素和他不对付的，就在一旁嘀咕，说他是靠老婆的本事，求到美差，那算什么能耐。原来他的太太为一时罕有的美人，脸盘子异常地姣好，这就成了攻无不克的秘密武器，又是个老惯家，安心演出了一台大戏：善钻营深信老奴言，假按摩巧献美人计。当下装扮起来，把箱子里的衣服拣最好的穿上，外面辅以红裙、披风、朝珠、补褂，然后打开镜子，细匀铅黄。这一点又可看出，化妆实多为了交际之用，那独自化妆孤芳自赏的倒还少见。此事见《文明小史》。然而女人既有此秘密武器，她们除了为男人所用之外，也不免对权力情有独钟；到现代知识大开，恍然醒悟，终于自己把自己当资源开发了。于是，我们在李昂等人的小说中，就看到女性以美貌攫取权力，这事的通俗说法是，以奶头战胜拳头，以脸盘取得地盘；不再为男人所用，而是自己为自己所用。她们此时,大概也就不会再有“守着窗儿,独自怎生得黑”的哀叹了。

可视的视觉的美在感官世界里已经变得“至高无上”了……女性需要增强实力和更多的社会承认，文化经济的交易也被甜美的嗓音、邀请的姿势和迷人的气息所左右所充斥，更直接地说是受荷尔蒙和利比多所吸引。在肤浅的时世，相貌吊诡得很。要想有男女的正常生活方式，则必待社会机制的公平竞争起点相同、必待民主制度的以人为本；那时候，女人的其他优势能和美貌一样获得认可、带来同等报酬时，女人才会享受更多美丽带来的愉悦。

情爱的一个特点是潜意识状态的交流，偷吃禁果前的天真，相貌所起的作用就是对此加以引领、牵引、蛊惑。当对对方真正有所了解之后，反而产生厌憎的情绪，这在男女都是一样；所以常言说，男女因误解而结合，因了解而分离。假如知道误解还要结合呢，那么在婚后，他们必然会出轨，即爱上与他们没有婚姻关系的人，制造层出不穷的麻烦。20 世纪初叶英国的婚姻状况是：“砖瓦匠们把妻子踢死，公爵们背叛妻子，一些小职员和小店主则割断妻子的喉咙。”（威尔斯：《短篇故事集》）那时的戏剧表明演员走上舞台说台词“我是一个已婚男人”，他就会把任何阶层的观众逗得哈哈大笑。这样的时分，法国一位生物学家告诫男人：“千万不要因为对妻子有不好的想法而懊悔，她对你有着更多更恶劣的想法。”不幸的是，世上婚姻大多如此。更逗的是匈牙利裔的美国影星伽柏说：“我对性一无所知，因为我一直没有离婚。”差不多可算是黑色幽默了。

关于美女的鉴赏，可从内涵与外在观之。晚清的小说名作《九尾龟》写美女的外在，最为奇谲诙诡，从晔晔照人的林下之态，到樱唇半启的嫣然一笑，从红袖温馥的佳人写到青衫飘逸的名士，或凌波微步，或眼含秋水，或袅娜依人，或淡扫娥眉……一个个联翩而来，仿佛惊鸿照水，令人目不暇接。作者兴味所在，是美女的外形，当然这就很有些目迷五色了。浩如烟海的咏物诗中往往不厌其烦地吟咏描绘美女的眉、眼、齿、颊、胸、手、颈、足……情绪涌动，佳句迭出。唐诗人韩偓吟美人之手“暖日肤红玉笋芽，调琴抽线露尖斜”，描摹恰切，心眼细腻。杜牧写腰的名句“楚腰纤细掌中轻”，传诵万口，于今不衰。

古人对美女的内在，同样有独到的品藻。明末吴中名士卫泳《绿窗女史》以为“美人是花真身，花是美人小影”；又说：“美人有态、有神、有趣、有情、有心。神丽如花艳，神爽如秋月，神困顿如软玉，神飘荡轻扬如茶香，如烟缕，数者皆美人真境。”可谓得趣之人。

读书人未必不俗气，然欲免俗，必借读书以成。古之美人，其有真境界者，必因读书而得陶冶滋润培养。苏轼摩挲着肚皮，问一群女子，其中是什么，一女说是文章，东坡摇头。如小鸟依人的侍妾朝云说是一肚子的不合时宜，东坡大笑，极为推重，把她看做红颜知己。有内涵的女子，善于表达她自己的幽怨，如朱淑真的“独行独坐，独唱独愁还独卧”，王韵梅的“谁植芭蕉此夜听，总是愁人境”。古今人情不相远，我们体察这种心境，不免郁结惆怅，难以冰释。她们真是内外皆秀的人。唐代女子薛涛，则以为她的书籍每一本都有各自的气味，摩挲这些书籍，就会想到与书有关的辛酸或愉快的经历。同这样的人交谈应该是很有意味的，因为她是得到真趣的人，不像腐儒的语言乏味，面目可憎。今天的很多“文化人”，读书很少有鉴赏的闲情，多是为了谋生或做参考资料。他们的“学问认识”，叫人想到毫无生气的干柴火，与古代美女的芝兰气息，原是两个极端。

柳如是、李香君她们的文学成就更为人高山仰止。柳如是的诗虽不及钱谦益实大声洪，气色苍浑，但她的词却高于钱氏。才媛淑女，风神艳雅，盛极一时。即使是远在六朝的苏小小，拂去历史的烟云，还似乎看到中古时期的浪漫。她善为古词 ：“妾乘油壁车，郎骑青骢马。何处结同心，西陵松柏下。”吟咏之下，心神为之荡漾。

时代的洪流卷走了古代的浪漫气质，只剩下一股若断若续的细流。美女的气质，越发衰减。今天交际场的美女，美则美矣，而其算计和作态遮蔽不了俗不可耐。谁还会像李贺那样幽深地怀念苏小小呢？及至把她想象成“幽兰露，如啼眼”，凄美到令人起一种战栗。

古代中国的穷书生讨媳妇，曾有句老话叫“宁娶大家奴，不讨小家婆”。它的含义，我们一翻《红楼梦》便可知一二。试问大观园里那些“大家奴”，像鸳鸯、平儿、晴雯、袭人等等不识字丫头的风韵才情，哪是今天一些受过大学教育的小家碧玉所能望其项背的呢？美女富于内涵，秀外慧中，如夜看朗月，一个重要的因素是真有能欣赏她们的人（伧夫俗妇，不能不说是扼杀美女的天敌）。她们以短小篇什，传其高秀情怀，是因为有知音真赏，不特秀色可餐，更兼领略气韵，那种内在美的精神气质。明代小品文作家张岱以为干将之剑固然是名剑，然而之所以成为名剑，端赖知己的珍爱，“识者的精神，实高出于作者之上”，也真是大胆的议论了。衣香鬓影之外，捕捉到的是时间长流里的千缕乡愁。

当今的大牌演员苏菲·玛索与波兰导演索拉斯基相恋十六年并未结婚。苏菲·玛索的灵魂伴侣索拉斯基说：“不结婚才是保存爱情最好的办法。”据采访的记者说，只要索拉斯基一个眼神、一个动作，苏菲·玛索马上变得不太一样。索拉斯基会对苏菲的穿着言行及工作提出建言。索拉斯基似乎不光是电影当中的导演，也是苏菲·玛索现实生活中的导演。在《情欲写真》片中，苏菲·玛索有尺度大胆的裸露演出，她为何如此“秀”出班行？索拉斯基表示自己是个幸运的男人，当年初遇苏菲·玛索时她方龄十七，从女孩一路蜕变为成熟的女人，感觉是“一朵美丽的花在眼前绽放”，她外在的美实则是反映她内在的美；透过电影，索拉斯基要证明：苏菲·玛索是当代最杰出的女演员，美貌之外有更深的内涵。

很多人梦想美给予人一种高贵身份，这种努力多为后天得来，因为不可能先天赋予每个人。有一位历史学家记录了“20世纪早期那些选美专家就美所发表的演说辞”，那些人在演讲时都肯定“每个女人都是美丽的”这一说法。历史学家认为这一说法对妇女有害，因为它们为妇女们树立了一种不可能达到的理想，因而也是不负责的。有一些化妆品销售成功，是因为其宣传中告诫人们：“世间没有平常的妇女，只有粗心大意的妇女，妇女应该强烈地渴望美，然后在精心选来的商品的衬托下，让自己变得美起来。”

美国当代女作家安妮塔相信，任何名门闺秀都会认为，不戴珠宝去赴会简直不可思议、也不堪设想。这种心理来源于对相貌的补充尝试，任何美人或常人，都有可能对相貌信心不足，因此在可能的情况下，都愿意补充调配。在《鲁宾孙漂流记》中，“星期五”只是一个忠实执行决策的土人。他遵循鲁宾孙的命令来造筏运粮，但“星期五”永远不可能是舵手。对人性固执而言，其余的都是“星期五”而已。

在有限的生涯中，常葆美丽的方法，中外的古人多认为，有两个大的基础，那就是第一健康，第二有钱。

据古奇书《袖中锦》，至少在宋代的时候，古人审美，已经形成这样的看法，即所谓妇人的三上三中三下，容易占得美的先机。三上是：墙上，马上，楼上；三中是：旅中，醉中，日中；三下是：月下，烛下，帘下。这些都属于化妆的延伸，属于大环境的化妆烘托。墙上则可出可进，惹人遐思；马上，有动感，着实牵引人的眼球；楼上，则隐隐约约，望之如神仙中人，更想一探究竟。至于旅途之中，醺然的醉态中，都有许多的空白待人冥想落实。月光烛光之下，那是朦胧美的最佳时刻，微小的瑕疵都可忽略不计。今之所谓白领阶级的女郎坐在咖啡厅若有所思，仿佛一帧立体的油画，也大抵不外利用环境，自造一种特别的氛围。像徐悲鸿的《吹箫女郎》，周围的环境朦胧深幽，人物面容的端丽也随之加深分量，一眼看去，难以忘怀。但前人的生活智慧提醒我们，英国谚语：越爱照镜子的女人越不爱操持家务。法国谚语：不要在烛光下挑选亚麻布和女人。这都是很有趣味的。

据说动物中，企鹅不大认得清楚同类的公母。公企鹅要证实某一只母企鹅，它就扔一块小石子在对方面前。对方果然是异性，就会接受石子做礼物；若是同性，它可还要发脾气的呢！企鹅多可怜啊，而人类在异性的面目识别上，竟有那么多稀奇古怪的名堂。

《牡丹亭》所讲述的故事：南宋时江西南安太守杜宝的独生女儿丽娘为父母亲管束、塾师陈最良教导，从未越轨，但心中也是热情翻滚。丫头春香发现家中有后花园，于是她第一次去花园游玩，在梅树边柳树下牡丹亭畔入梦，梦见一书生手执柳枝前来求爱，二人欢会。从此，她为相思所苦，一病不起，在中秋佳节郁郁而终。临终前，她自描春容，并将梦中情景题诗其上，要求父母在她死后将她埋于梅树下，并将描画的青春美貌图陪葬。柳生因此梦而改名柳梦梅。

杜丽娘死后，杜宝调任，留春香等替女儿守墓。三年后，广州书生柳梦梅去京城临安应试，路过南安，偶然拾得丽娘春容，终日与之相伴。丽娘幽魂出现，与之欢会。柳生掘墓，丽娘重生，二人双双至淮安求父母许婚。杜宝大怒，视女儿为妖孽，视柳生为盗墓贼。柳得中状元，上书自辩，得到皇帝承认，夫妻父女团圆。

在这样的一个故事中，美貌发生了怎样的作用呢？女方瘦得不成人样：

"俺往日艳冶轻盈，奈何一瘦至此！若不趁此时自行描画，流在人间，一旦无常，谁知西蜀杜丽娘有如此之美貌乎！春香，取素绢、丹青，看我描画。〔贴下取绢、笔上〕三分春色描来易，一段伤心画出难。绢幅、丹青，俱已齐备。〔旦泣介〕杜丽娘二八春容，怎生便是杜丽娘自手生描也呵！"

这一出戏中，特别强调男女双方的时间直觉，由美貌引发的生殖本能极富密度与弹性。端的是一万年太久，只争朝夕。"不因他福分难销，可甚的红颜易老？论人间绝色偏不少，等把风光丢抹早。"

于是化装术在这里显出其威力：〔照镜叹介〕轻绡，把镜儿擘掠。笔花尖淡扫轻描。影儿呵，和你细评度：你腮斗儿恁喜谑，则待注樱桃，染柳条，渲云鬟烟霭飘萧；眉梢青未了，个中人全在秋波妙，可可的淡春山钿翠小。

男角"客中孤闷"，为什么呢？还不是因为未能与美貌客体发生实际接洽。一个是画饼充饥，一个是望梅止渴。女方的协作周旋能诗会画加深了她的美丽的外貌的影响力和持久力，"待小生很很叫他几声：美人，美人！姐姐，姐姐！咳，俺孤单在此，少不得将小娘子画像，早晚玩之、拜之，叫之、赞之"，很真切的欲罢不能。

《参考消息》（2003年2月23日）载文说，美国战后出生的一代盛行修饰自己的脸面，近二百万人时兴经常注射昂贵的肉毒杆菌素，每周人均服用一百粒维生素丸。他们是爱慕虚荣的一代，染发，注射激素，吃药，等等，都是为了日益衰退的青春容颜。譬如电影明星黛咪·摩尔为了参演《查理的天使》续集，一次整容即花费二十五万英镑，高收入的潮流男士平均每年要花掉近两万英镑用于青春容颜，到了不依不饶的地步。

古人男性也化妆。“何平叔美姿仪，面至白，魏明帝疑其敷粉”（《世说新语》）。其实他真的粉帛不离手，夏天喝汤出大汗。他牵起袖子一擦，面色又转皎然。古人说他“妖丽本资外饰”。大约平时都已离不开化妆了，成为日常的功课。《后汉书·李固列传》：“固独胡粉饰貌，搔头弄姿。”《三国志·魏书·曹爽传》注引《魏略》：“何晏性自喜动静，粉白不去手，行步顾影。”《北齐书·文宣纪》：“帝或袒露形体，涂傅粉黛。”则男子傅粉之习，汉、魏，至南北朝都很盛行。

博物学家达尔文证明，在古代的野蛮人当中，男人涂画自己的身体，有时甚至加以伤残，何故？其最普遍的动机是出于虚荣心，以及为了博取他人的赞美。野蛮人也注重文身，据记载，有一个传教士询问当地的少女为什么要文身？女孩子答曰，我们必须文身以及画唇，否则以后别人将视我们为非常丑陋。而男子的文身，则是为了表现其少年之野心。一者是战争时易于表现，二者是对妇人增加吸引力。上古的时候，男人的经济地位尚不如现在那般重要，所以当时的男子修饰化妆往往过于妇人。

据说在西方旧时候的哑剧中，要表现一个漂亮女人的意思时，演员就会以手摆动做波浪形。这就是曲线与美的效果。就人体而言，曲线的概念和性的意义密切相连；尽管服装行业时高时低，但和文学一样有所谓永恒的主题——永远流行的妇女形象还是前凸与后凸的设计，即强调奶子和臀部，像抛物线一样突起的曲线效果。

古代的野蛮人赞美种种装饰品，到了畸形的地步，即今天观之，那真是离奇丑怪的了。他们这样做，是出于什么目的呢？博物学大家达尔文研究证明：是出于虚荣心，欲博得他人赞美的缘故。古人的最普遍的动机若是。古时很多民族的男子都有文身的习惯，且袒露之,那是为了增加对妇人的吸引力,战争战斗时都不忘显摆。而且，在古时候，很多地方的男子装饰的兴趣，修饰脸部和身体，要大大超过女性。这是因为女性已经成了男子的附属品，男子出于自私的特性，竟然不允许女性使用上等的化妆品，像什么头部挂件、图画、文身、贯鼻、贯唇、贯耳、锉牙等等名堂，都是男子在那里自己鼓捣。由于这种美的观念全然集中在自己身上，对妇人的美丑容貌都掉以轻心了，女性即使装扮，也是作为男人的附属品，表现其夫的富有程度，这样一种虚荣。

美国文学评论家、报人门肯曾经很刻薄地说，没有一个丑人找不到对象，也没有一部低劣可憎的文学作品找不到读者。此是极而言之，实情亦然。据德国心理学家研究，长期弱于跟女性身体接触的男人，随着时间的流逝，他在选择配偶或者情人的时候会少掉很多挑剔，所以也和那些平淡、平庸的女性调情。这是因为，人的本性，不大乐意长期孤独下去，慰情聊胜于无。中国旧文人也特别长于此道。在此，丑陋的面相于特殊时分会有所转进，譬如，在月光里，在夜色的迷茫中，在酒精的调节下，心理学家布里吉特女士所跟踪观察的一个男人，与一丑女人接触，在酒精的辅助下，他几乎忘记了她那双难看臃肿的双腿，“不管怎么说，一双看得过去的双手她还是有的”，像这样安慰自己，慢慢地，他自欺欺人地觉察出了她的“魅力”。这和《围城》中的方鸿渐相似。方氏在月光的笼罩之下，也是为富家小姐苏文纨迷惑，本来那苍白的面庞，一下子有了牛乳一样的光辉和轻滑的感觉，差不多都要难以自持了。当然，他没有酒精调节，所以，最后，他撒一个谎，逃也似的离开了。

古人对相貌的精神内涵理解相当固执，梁绍壬的《两般秋雨庵随笔》言之凿凿："欲富者，贫相也；欲贵者，贼相也；急欲富贵者，夭相也。"就是说，底色和根性是不能改变的，相貌的质地，竟然和"速度"大有关系呢！古人又说，水深流去慢，贵人话语迟，同样也是在速度上着眼考量。欲速则不达，先天都准备好了，都不需穷忙乎了。所以，就此观之，化妆注定只作用于表象；虽然，它也可能会"变相"。陕西俗话说，麻袋上面绣花——底子太差。极而言之，美容术只能得逞于一时，因为纵然它有千般粉饰的手法，美貌也不能天长日久；而且，粉饰愈多，色衰越快。但这并不影响美容大军和刀下美人的产生。假如一夜之间，您那地方美人爆发式地多起来了，不要惊讶，这并不是风水轮流转，或者天可怜见，而是无形的市场的需求量大为增加了——大部分的女人青春美貌都是化妆出来的。这是社会竞争的方式之一。

报纸的娱乐版面，总是连篇累牍地报道大小明星大小美女的化妆癖好。譬如华人的一大电影明星，即有狂恋眉毛的习性，要把睫毛刷得又长又翘，长到可以连到眉毛上；有一阵子她的睫毛掉了些许，其心情即阴风怒号，连月不开……

靠化妆来吸引男人的爱感，是从诗经时代至今而然的。

竭力的打扮化妆，既是一种自然属性，更是一种社会属性，若鲁宾孙漂至荒岛，可怕顾不上修饰，且也无必要修饰。

美貌的生物性，可以说是人类繁衍的根本。美貌的生物性如何？美貌的生物基础如何？英国的科学家以为女人外貌也反映她们生育能力。就是说和人的种属反之有内在联系。他们拿一组女子照片给男人选择。结果，他们的挑选，或因骨骼好，或皮肤诱人，或下巴可爱，这些女性的荷尔蒙都比外表平平的女子高，也就是说，她们生育能力强。男人挑选配偶时，可能只注意外貌，不会想到生育能力，但美丽外表背后就是有较强的生育能力。

既是一种社会属性，那即可谓一种战争，对同性和异性都无例外。对同性是排拒和超越，起突出作用；对异性，是吸引，加固，勿使目标逸脱。

眉毛看似小事，然以异性相吸的法则来说，小事也关乎大事……

曼联前任主帅阿特金森在一次慈善晚宴上说，我难以理解，为什么中国会有人口问题？他们本来有最好的避孕方法——中国女人是世界上最丑的（《三联生活周刊》，2005 年第 6 期）。此直接不加掩饰的话语，表明他特殊的审美趋向。但他不知道，对生物性的审美嗜好来说，美丑观念，却是取径万殊的。

关于爱情的生物基因。令男女吸引的不仅仅是心灵的碰撞，或者爱神施行魔法，而是基因在其中捣鬼，仍然是种属传承的生物要求。男女相见后，接下来的爱情游戏都是在寻找最有利于基因结合、延续以及改善基因的人选的过程。他们且在寻找与自己有着相似之处的人。智利科学家对二百个人进行试验，在依次展示给他们看后，最吸引这些人的是面孔与自己的父母或其他亲人有着相似之处的人。参与试验的利物浦大学的安东尼·利特尔指出“大脑被熟悉的面孔所吸引”。“基因遗传会在人的身体上留下某些印记。所以在寻找理想的另一半的时候，人们都是在寻找那个与自己有亲近感的人，或者对方身上有自己的影子。因此，一个形象良好的人寻找的是那个能够保持这种形象的另一半，便从生物遗传角度将这一形象延续下去，并加以改善。”(《参考消息》，2006 年 2 月 14 日 )

至于娃娃脸，美国研究人员说，一张娃娃脸也许可以赢得人心，但赢不到选票(《参考消息》,2005 年 7 月 20 日 )。什么是娃娃脸呢?专家说，娃娃脸在不同的文化地域中相似:圆脸庞、大眼睛、小鼻子、高额头和小下巴。他们也做了实验，学生们单凭扫一眼美国国会候选人的照片来判定谁看起来更能干，接近百分之七十的时候，他们挑出了获胜者，但都不是娃娃脸。

这一不平常的结果，很可能表明“娃娃脸”的弱势，这又是人类先天的势利在暗中支配了，但仍然与生物性背景密切相连。

娃娃脸不属于美貌范畴，所以，不特在社会生活如选举中吃亏，就是在种属传承的过程中，也相当的滞后。

人们在对方身上找到与亲人相似或自己熟悉的某种气味、面孔或表情时，身体内就会产生大量激素，使之兴奋，促使其进一步行动。于是相貌往往和一个人的行为方式相联系吻合，进而定型。他人观之则视为其行为方式，予以认定，由此影响观感和判断。于是相貌类型生焉。

俞平伯 1982 年日记，说的是他家亲戚书信，为新《儒林外史》之打油诗，形容几个现代文人学者的面貌。诗云 :

元任雍容尔雅，志摩俊俏风流。

寅恪古貌古心，志希怪模怪样。

熟悉他们的人，相信在这样的描述中，可以引起亲切久远的怀想。

所以，当尤先科中毒而导致面容恶变后，引发政经大动荡。他说，四千八百万乌克兰人民和我自己都不能适应现在这个面容（乌克兰总统尤先科在达沃斯世界经济论坛上宣布，他将求助于美容术恢复自己的容貌，《三联生活周刊》，2005 年第 6 期）。民众的诉求，其实敏感到外貌的细节上面，因这一切，和人生的大事有千丝万缕的联系。

唐人姚汝能写的《安禄山事迹》记唐代宠臣安禄山，“晚年益肥，腹垂过膝，自称得三百五十斤。每朝见，玄宗戏之曰：朕适见卿腹几垂至地。禄山每行，以肩膊左右抬挽其身，方能移步。玄宗每令作胡旋舞，其疾如风……”

禄山是如此一副尊容，恩宠却有逾太子，但他后来却做了唐朝拆台的大主角，出乎意料。他以战功起家，但他的相貌体貌如此不堪，唐玄宗难道有特殊的审丑的嗜好和心理吗？相貌的好感与恶感，说来真是又玄妙又微妙。

化妆并不是一定涂脂抹粉，内心机窍的运作才是可怕的化妆。《开元天宝遗事》卷下，载李林甫“虽面有笑容，而肚中铸剑也”，可怕吧？李林甫嫉贤妒能，陷害他人颇有一套，但他不特面带笑容，甚且甜言蜜语，令人防不胜防。初与之交稍一不慎，即为其所陷，很多人吃过他的亏。专制的构架之下，此种东西特别盛行，因有市场，所以其术在逆向淘汰中精密异常。外在笑容的下面、背面、里面，藏着狠戾险恶，有经验的就能在其外貌背衬看出并无和气的杀机。

# 第七章

司马迁的感叹——相貌的特殊性——野合之子出众——苦难中的美攫人心魄——男女对骂是非难定——说脸貌，与人生的关系——文人的相貌——男女相貌的好感和恶感——品味大自然的“相貌”

*

司马迁的《史记·游侠列传》写郭解,颇有感慨。他说在他看来,郭解“状貌不及中人,言语不足采者”,但是天下不论好人还是浑蛋,有知识的还是愚昧的,都仰慕他的声名,说到游侠的高人,都要举他的例子来说事儿。人的容貌名声,哪有一个尽头呢?人的容颜青春,经不起时间的折腾而慢慢衰落;声名荣誉,作为人的精神的外衣外饰,就与时间同在了。司马迁是用容貌来反衬其作为。郭解为人,既以个人之力,解决了一些社会矛盾;同时也滥杀无辜,搞酒色财气那一套,作威福,结私交,以强横的姿态应世。司马迁特别说他容貌很一般,甚至略等丑陋——“不及中人”,可是这样的人在社会上呼风唤雨,相当吃得开,其余人等,却就“未敢翻身已碰头”了。那么,很明显,社会的治理机构有病了,甚至病入膏肓,方才造成这样的支离局面。

美貌的力量如此强大,如此让人傀儡一般受其支配,不为美貌所迷惑的男人少到凤毛麟角。但也有旁逸斜出的人事。有的人或有的类型竟不受其影响,对此,20世纪初叶的英国某小说家打趣说:“什么是高级知识分子?就是发现了比美貌女人更让他感兴趣的东西的男人。”这话很有点残忍,也很逗趣。肉体的曲线美都不能打动他们的头脑生活,他们竟然能如此升华如此超度,滚雪球似的改变其生物性,真要让人无休止地赞颂呢!这是打趣男人的,大名鼎鼎的德国哲学家尼采，他可就反其道而行之，从同样的角度指斥女人，他说：“一个女人若是成了学者，则通常是她的性器官出了毛病。”等于说，男人在女人的眼睛里面看到了大英博物馆，他同时也看到了恐怖。

至于什么样子的小孩或人的先天有可能得到美貌和智慧，那就是在心灵应和的基础上所产生的结晶。蔡元培先生 1900 年所订立的《夫妇公约》大胆肯定野合之子，“野合之子所以智于家生者”乃是由于心交的缘故，因为他将男女关系定位于目交、体交、心交，特别强调心交；因为在此基础上，夫妇同心，两情融洽，休能和激情都处于最高点。野合之子可能出类拔萃，其原因在此。

作家黄河清采访的一个故事——在闲聊时，他曾提到戴厚英的《人啊人》中的一个故事细节：右派的妻子千里迢迢到劳改农场探望丈夫。丈夫刚死。妻子将带去的饼干、炼乳用嘴送到丈夫口中以尽心意。未料，丈夫活过来了。采访对象老淦所诉说更为精彩：我在劳改场时见过这样的事，连细节也一模一样。当时我们每天的粮食定量是二十六颗蚕豆，一块欧米茄手表只能换五十颗蚕豆。在野外打柴刨地时经常挖到埋得很浅的尸体，都是饿死的。其实，那时饿死的人，只要灌点米汤、糖水什么的，都是能活过来的。我只是凭着年轻、取巧活过来了。就是那个用欧米茄手表换蚕豆吃的家伙，一所什么大学的老师饿死了的那天，正好他老婆来看他。因为刚死，尸体还在床上。掩埋是我的任务。劳改场领导领着一个女的来看尸体。那女人三十来岁，短头发，很漂亮，不看任何人，不说一句话，只看她床上的死丈夫，然后回身对着劳改场领导，还是不说一句话。这给我印象很深。那领导还算有点人性，知趣地转身走了，招手让我过去，交代我等那女的走了后把尸体埋了。我潜意识地在门口看着那女的。

那时看死人已看得麻木了，谈不上什么同情。只是她的不说话、不哭、不流泪，给我的印象很深；再加上她很漂亮，可以说是美，一种冷艳的美。我那时已很久很久没看过美的女人了。我是喜欢美的。我的潜意识里恐怕有这样的成分。

我：你没主动同她说话吗？

老淦：没有。我不想破坏那种气氛。我对她有一种尊重和敬畏。我帮她打开了橘子罐头，还记得那罐头是梅林牌的。整个过程都是无言的。我远远看见她想开罐头，但没法开，就过去帮她开了。她没请求我，也没拒绝我。开罐头时，我自言自语地说了三个字“饿死的”。她明显地抬头看了我一眼，就旁若无人，喝了一口罐头橘子水，渡到死丈夫的嘴里。她的死丈夫就是这样被她用橘子水和绿豆糕喂活的。她丈夫活过来后，她对我说了两个字。

我：谢你啦！

老淦：不。她说的是“好人”。她握着丈夫的手，又看了我一眼，说了“好人”这两个字。这两眼和这“好人”俩字，让我既受用又不是滋味。她不知道，正是我从伙房偷来的五十颗蚕豆换走了她丈夫的欧米茄。我之所以冒险偷蚕豆换手表，是为了计划中的逃跑计时用。也许正是这五十颗蚕豆延续了她丈夫的生命，使她能见到丈夫的尸体。我只能这样来安慰自己、欺骗自己，不然，我总觉得不是味道。女人比男人伟大，她丈夫有福气。这样的女人是天使。我这一生再没见过比她更美的女人了！

这是苦难中的美，其对记忆而言，那是刻骨铭心的。

美也有其负面。通常的眼光是，漂亮的人交不到真诚的朋友，并更有可能寻机离婚。靓女被认为不大可能做个好母亲，美男则不论喜欢什么，人们都会对他们的选择抱以怀疑。美被人诅咒为平静的扰乱者。威廉·巴特勒·叶芝向安妮·格雷高里谢罪说："亲爱的，只有上帝才会只爱你本身，而不爱你的一头金发。"

当人们以容貌来判断一个人的正直、敏锐、关心他人这些品质时，美丽不一定不占优势。一张流露出善良与同情的脸庞也许并不美丽，而美丽的脸可能显得孤高、冷漠、傲慢或自私，但仍不失其美。蒙田说："有的面孔是慈善的。在一群素不相识的敌人面前，你能在顷刻之间挑中其中一个人而不是他人，向他投降，将生命托付于他，在这里是完全不考虑这个人是长得美还是不美的。"但是，就是蒙田也得出结论说，"面孔是蹩脚的保证书。"就算蹩脚，它还是不依不饶地左右人的行动。

面容是最关键的第一道关隘。其实人的审美心理，乃是全盘观之的。只是相貌首当其冲罢了。魅力由相貌而至全身，英国谚语说"She was a lady to her fingertips"，意为"它浑身都是淑女"（连指甲尖里都是）。尤物之尤，此之谓也。

男女对骂是非难定，也关乎相貌关乎人性。两性之间龃龉甚多，有时我们难免被一些字样所迷惑，像什么耳鬓厮磨，情投意合，儿女情长，举案齐眉，海枯石烂，海誓山盟，如胶似漆，琴瑟调和……

更绝的是"枕前发尽千般愿，要休且待青山烂。水面上秤砣浮，直待黄河彻底枯"。出语铿锵有力，催人迷醉。真是这样，也谢天谢地了。可惜事实是男女相骂，从来就未曾一日稍息。男女的对骂是有渊源的，印度 11 世纪的古书《故事海》有一篇叫做《男性与女性谁更坏》，说是有一只鹦鹉和一只眉纳鸟，被天神贬谪下地，分别请摩揭陀王子和王妃做仆人。

有一天，两只鸟争论男女好坏的问题，请王子做仲裁。眉纳鸟说，她看见一个男人为了独吞他岳父的财产，把妻子哄骗到悬崖边上推了下去，竟然遂了心愿，所以男人心地歹毒。鹦鹉说，他看见一个女人不安于室，半夜偷情，被死鬼掐了鼻子，赧然自惭，无颜见人，回来看见丈夫酣睡，心生一计，撒泼说是丈夫残忍取乐，掐了她的鼻子。所以女人歹毒。

王子左思右想，没有定论。不久鸟们给招回上天，于是关于男女好坏的争论，就成了悬而未决的疑案。

古代女子的最大隐衷，乃是男人的用情不专。此一点，是她们难解的心病。所以攻击的重心，乃集中在薄情郎和负心汉身上。实则双方都眼波才动，旋又琵琶别抱了。当然，男女的对骂，是缘于人性这本大书耐读，敏感的人加以提炼，就显出心志的辉光。现代女人骂男人似乎要比古代少，相思如满月，夜夜减清辉，那是古代女人的专利。现代的女人忙得很，要费尽心机调教男人，则无暇也无心思念，并且选择时装已经眼花缭乱，选美时又要同别的女人争宠斗智，互相有切肤之痛。况且对于穷男人，她们不屑一骂；对于富有的男人，却又不愿骂或不敢骂。可见她们的不骂男人，倒并非出于语言的悭吝或性格的憨厚。唯有张爱玲所下的断语，颇耐思索，她说："以美好的身体取悦于人，是世界上最古老的职业，为了谋生而结婚的女人全可归于此；这也毋庸讳言——有美的身体，以身体取悦于人；有美的思想，以思想取悦于人，其实也没有多大的分别。"

脸貌与人生的由来大矣哉。脸是人类日常生活里最常见的一种东西。阴沉的脸，欢喜的脸，做作的脸，忧郁的脸，生动的脸，古板的脸，凶残的脸，和善的脸，红脸，白脸，甜脸，高深莫测的脸，简单平淡的脸，胁肩谗笑的脸，不可一世的脸，饱经沧桑的脸，无可奈何的脸，有的脸充满威胁，有的脸洋溢苦恼……脸是公正，心理内容都写在上面。脸最多变,时常令人捉摸不透:有的脸笑容可掬，却是陷阱；有的脸漠然如水，早已绝望。

找工作，要看脸面，脸是背景；打狗，要看主人脸，打错了，就要吃苦头，脸是身份；一阔脸就变，脸是信号；不可貌相和可以貌相，脸是征兆。红尘扰攘，人们终日奔波，为稻粱谋，为饮食男女，神疲力惫，苦不堪言。有的人忍受了好多难以形容的屈辱和磨难，面如核桃壳，畸曲佝偻，一辈子如牛负重，糟蹋了自己的脸，结果大半还是为了一张脸；因为脸的别名就是面子。莘莘学子，青灯黄卷，强打精神，捧读教科书，枯燥无味，念念有词，有口无心，浪抛青春，甘作现代科举的牺牲品，说穿了也无非是为了这张脸；因为脸是门面，就像新开张的商店，都要描金填银，悉心修饰，刻意装点——因为要与众不同的门脸！现代时装业小姐，更是要为自己的一张脸貌做精心的美化；因为她的脸不仅是自己的衣食父母，而且是她精神世界的全部。美容术的发达最受她们欢迎的了。美容术的工艺手段，是她们参与竞争的后备军。当今世界第一名模，二十一岁的克罗地亚·雪佛小姐就认为美容术帮助女孩子实现了她们的梦想。最近她和美国一家化妆品大托拉斯签订了高达一千万美元的合同，一下子成了新闻人物，可能更要悉心保护自己的脸貌。美容术早在古代埃及就被妇女看重，于今未稍衰。脸貌是重要的，美容术常常创造奇迹。

有的脸生来受人喜欢，像《围城》中唐小姐的脸："唐小姐妩媚端正的圆脸，有两个浅酒窝，仿佛是好水果。她的眼睛并不顶大，可是灵活温柔。"有的脸令人一见之下心情不快，像《围城》中曹元明"圆如太极的肥脸上泛出黄油"。其实最招人厌恶的脸是像林语堂先生在《八十自序》中所说的小政客的脸，林语堂先生说他只要见到这样的脸就要立即避而远之。人的脸貌是美丑的集中表现，有经验的人可以从脸上揣摩其心理内容，不是一星半点，准确率甚至可达十之八九。有哪种个性，就有哪种脸貌，相面术从脸貌来揣测性格，并非空穴来风。古俗谚虽然说"知人知面不知心"，却又说"人心不同，各如其面"。林黛玉行动像弱柳扶风，她的脸就只能是古典的病美人。李逵的脸貌粗犷，和他性格的焦躁相吻合；若是给他安上一张小白脸，就会不成样子。叔本华著《观相论》尝谓"脸貌实如象形文字可以解读出来。脸貌是心理语言的摘要。"他甚至很肯定地说，要断定哪个人是未来的思想家，千万不要选择那些肠肥脑满、臃肿痴肥、满脸俗气的对象。满心小气、狭隘、利己、专打坏主意的人，他也断言他们不会有好相貌。看似无据，其实有理。一个使你厌恶的人，总能在他脸上找到弱点和可憎之处。

有的脸貌能使很多的人迷醉。像获得 1953 年奥斯卡最佳女演员奖的美国名演员，以窈窕淑女著称的奥黛丽·赫本，不仅演技出众，脸貌也能为大众喜欢。她演活泼的小女，演仪态端庄的上流贵妇，演清净的修女，脸貌变换都能恰如其分，优雅动人。她一生瞩目儿童救援事业，不辞劳苦，身体力行，不但让亿万观众倾倒，还赢得世人的爱戴称道。最奇妙的是古代雅典时期的艺妓弗丽娜的脸，当时她被雅典执政官公开审判，愚蠢的公众大叫处死她。在这千钧一发的时刻，辩护人取下了她的纱巾和唯一的外衣，法官和公众惊呆了。斯拉维伊科夫的诗写道："脸貌和形体／放射出静谧清丽的光彩／怒吼的群众／倏忽间哑口无言。"群众虽愚，到底还是被美征服了。最可憎的是道学先生，像理学家朱熹之于风神摇曳的严蕊，普法战争时的旧贵族之于羊脂球，教会头面人物克洛德之于吉卜赛女郎爱斯美拉达，这些人是美的敌人。他们的脸貌或许和善、高贵、冷峻；但这种脸貌，却是一种真正的面具，背后藏着不可告人的隐私阴谋，最富有欺骗性。叱咤风云的名流在密室内可以拉下脸来调戏妇女，上下其手的大腹贾常常在暗夜里涎着脸密谋玩火。门内门外，脸貌如此不同，说来可怖。

文人之于脸貌的好恶很有意思，金冬心作《团砚铭》说"砚如此不恶，面如此便俗"，使人想起曹元郎那张脸，确实讨厌；诗文贵圆成，道理贵圆通，妙语贵圆转，可是人脸圆团却不堪忍受，不知根据何在。冬心先生的《杂诗》谓"圣代空嗟骨相癯"，令人想到郊瘦岛寒，有一番不堪的酸瑟情状，不无扼腕三叹。这其实是在说脸貌透露的气象。《闲情赋》中那个没有出场的女子我们不知道她的脸貌，但从陶渊明先生愿意做她的袖子、衣带、鞋子种种奇思妙想来看，脸貌肯定不恶。文章与容貌之关系，李白，他要狂歌笑孔丘，他要高力士脱鞋，他决不摧眉折腰侍奉权贵……想象中应是属于开朗的面容，外向的面容，但时间已逾千年，难以确指。因为诗风寒瘦的贾岛，据说是个大胖子。近现代文学家中，郁达夫是清瘦的脸形，脸上透露的气息，是深沉而缭绕着挥之不去的苦恼。徐志摩并不是浓眉大眼型的帅哥，却是中国最典型的文艺美少年，外形斯文加上饱读诗书的书卷气质，已经有八十分；再加上浓得像糨糊的《爱眉小札》，在浪漫的时代很受欢迎。现今生活无虞的地方，徐志摩还能迷倒读书少而执迷不悟的女子。

至于古代的在野文人，他们的脸相，那是和地理、居处环境大有关系。我们联想到茅屋三椽，蕉荫一榻，或者想到"我是个村郎，只合守棚窗、茅屋、梅花帐"这样的意境，那么，对他们的长相，也就有一个大体的把握。如果绘成油画，那大抵是偏向冷色调的。

沈从文是相书上说的土形脸。他的自负，轻易不大表露；但一旦有所流露，那就很坚定。新披露他的私人书简（《南方周末》，2003 年 1 月 16 日）《致张兆和，1934》："说句公平话，我实在是比某些时下所谓作家高一筹的。我的作品会比这些人的作品更传得久，播得远。"他曾经是何等的自信啊，然而，到了"文革"专制的黑暗时期，他的面容已经变得悲愤木然了。他半天才说一句话。他曾经对他的高足汪曾祺说："我对这个世界没有什么好说的！"想想他年轻时候的意气风发，到晚年……真叫人不寒而栗。这也有点像瞿秋白，生命的尽头，一切都那样虚无，也是悲愤兼木然。他引得几句唐诗："落叶寒泉听不穷"；只说得一句话："中国的豆腐，世界第一。"朋友，试设身处地投入地想象一下，这句仿佛不着边际的话语，里面包含的酸楚况味，同样叫人揪心扼腕。这些，都写在他最后的照片上，情形深远莫测。

鲁迅的相貌，尤其到晚年，像刀刻一般，十分冷峻，这与他峭拔的文风相近。胡适面相饱满平和，精力充沛，与其文风相似，坦荡、坦白。鲁迅气质较适合中短篇，或单篇文章，所谓匕首和投枪，像别动队一样，迅速利索，身手不凡。胡适的气质，则远大浩博，储备厚实，像野战部队，但有时候流于啰唆。这是从他们的面相就可以猜测一二的。鲁迅的眼光透着凉气，内热外冷，面相更近于木刻。胡适的眼睛大而有神，额头高而阔；林语堂先生说他的相貌既不像养尊处优的老爷，也不是没有福气的瘦马之相，倒是有一种青白气息，"是他灯下用功的痕迹。他毫无阴险气，嘴唇丰满常带着幽默达到踪影。倒可以令佳人倾心。他的悟力极敏锐，你说上句他已懂得下句了。"这是何等的具有吸引力！另如余光中先生那样的面相，乍见之下，即可感到其洋溢着的睿智，深远灵异的目光，冷峻的面颊，整饬的头颅，敏感的神情，在在透露他的机智。他的客人在他家得到外间罕见的"语言招待"。他的好友思果先生说他"全身每一钱肉都是脑子"。他的头脑好像是专门生来说趣话的。

脸貌或可怜或可悲或可回味，甚至平庸如恹恹无生气的石膏像，都可惊囿。唯有一种脸最不讨人喜欢，那就是奴才的脸，无论怎样装点，都免不了恓恓惶惶——今天依靠权势在这里媚上欺下，百般卖弄；一旦权倾势覆，旋即卷席他往，另寻门户，那张脸也不得不为讨好新主人而贱态可掬。这类人变起脸来比川剧中的变脸特技还要迅速。休说厌憎使人焦躁，夫妻之间的脸该是相互见得最多的脸了，变起脸来，让人想都想不到。比肖邦大六岁的乔治·桑当年追求肖邦情不可遏，相处多年后，恋情淡得不能再淡。他整天练琴，偶尔发点牢骚，她说她简直成了他邪恶的牧场。最后一次见面，看对方的脸像看一块冷漠的石头，两人相对无言：

"好吗？"

"好。"

男女相貌，又在在关涉人生的好感和恶感。相貌与人生真有着难以捉摸的关系，因相貌而改变命运的实在不少。《红楼梦》中的娇杏丫头，只因大人物贾雨村凭窗远眺时她在窗外偶然一回头，便彻底改变并结束了她的仆人的生涯，所以作者有诗叹道："偶因一回头，便为人上人。"

相貌与人生的关系，实在又是起源于好感与恶感的分水岭。现代文学史上新月派内部，名诗人朱湘和徐志摩两人斗得像乌眼鸡，互相憎恶，互相奚落，你是我非，搬弄口舌，颇为热闹了一阵子。最后以徐志摩的飞机失事身亡和不久以后的朱湘的投江自戕而结束。但是朱湘之憎恶徐志摩，似乎还不仅是同行的嫉妒，他一直对徐志摩的相貌耿耿于怀。他说："瞧徐志摩的那张尖嘴，就不像作诗的人！"（司马长风：《中国新文学史》）尖嘴的人不配做诗，道理在哪里，实在让人纳闷，但是人和人之间的恶感有时确乎由于相貌的肥脸。深思明辨的西哲叔本华曾经写下一篇著名的《观相论》，可摘之句很多，他说："人之貌实在如象形文，意蕴显明。容貌乃心语的摘要。吾人对于陌生者之印象，初以厌恶居多，唯有少数美善面目可予人愉快。世人因个性之粗俗、鄙陋，面目神色多冷漠、寡情。高人隐士每以会见生人为苦，实因避陌生面孔如避仇人。"的确是关乎痛痒的话，刺激了人心的某些方面的事实。

由相貌而起的好感与恶感的产生，如同人的投胎是先天决定一样，几乎是宿命的，美容术不过是一种可怜的作假的功夫。但是这种功夫受欢迎的程度也可以说明人的看重容貌，仅次于为稻粱谋。似乎相貌丑陋的人创造精神产品往往有惊人的成功，文字风格独辟蹊径的作家废名，周作人说他的相貌奇古，额头如同螳螂。而影响了几乎整整一代学子的早期清华大学教授吴宓，他的“脑袋像一颗炸弹”，“一对亮晶晶的眼睛像两粒炙火的煤球。”(爱默：《钱锺书传稿》)

像奥诺丽纳(巴尔扎克小说人物)那样，让人一见就在灵魂中以为是“一朵天国的幽花”，或者像贾宝玉那样一见到林黛玉就无法自持，就仿佛“先前竟然见过一般”的，就佩服得不得了，就倾心得不得了的，究竟还是特定环境中的少数。而林黛玉的相貌“态生两靥之愁，娇袭一身之病，泪光点点，娇喘微微，病如西子胜三分”则使读者仿佛看到了她；不但看到了她，还似乎看到了她的命运，看到了她的并非坦途的人生之路。

同样，曹操身后，他的妃子们命运多奇惨。曹操当然知道因为她们的美丽和曾经有过的地位，不会有好的机遇等待她们，弥留之际嘱咐她们要悉心练习女红，以求得一条谋生之路。她们的悲剧，实在就在于她们的美貌。寂寥古行宫，红花怒放，没有人来，唐玄宗更不会来了，只有几个幸存的宫女，已经白了头发，还寂寞地坐着，有一搭无一搭地谈论玄宗的往事。她们的悲剧又缘于什么呢？直接的前台的原因无非也是美貌。

美貌的悲剧到底还在于它的美；而丑陋的面孔呢，那真是使人多看一眼就会觉得亵渎了眼睛。心胸狭隘、利己妒忌的人，专打坏主意的阴谋家你怎么能期望他有更好的面貌？心胸丑陋的人，必然移心迹于面容，只是他们往往善于伪装，常常难以觉察罢了；明眼人却能了然于心。钱锺书先生的小说《猫》中有一个男人曹世昌，举止过于女人味。一个男人居然会那样扭捏作态，好多人不耐烦，“恨不得把他像无线电收音机似的拨一下，放大他的声音。”蒲宁《苏霍尔多》中有一个仆人，“嘴巴过于硕大，大得碰到了耳朵，哪怕用线把它缝小些也好。”这种容貌带来的厌憎是固执的。林语堂先生说他极不喜欢那些小政客，避之唯恐不及，乃是因为“我讨厌他们的那副嘴脸！”语颇解颐，也很沉重。

拉杂回环，就人的相貌语怪搜僻，子虚乌有，一叶障目；欲脱胶柱鼓瑟，不妨引而申之，品味大自然的“相貌”：

长夜茕烛，一灯荧荧，人在都市钢筋水泥的森林里，像一颗悄然无声息的浮沤，有惨悴之容，无欢娱之意。世俗生活的毁人，生趣的消弭，是惊人的。曹寅说“驾驭气每厉，驰驱乐久无”，即感此意而发。这时候读读《中国植物图鉴》之类书，聊可释怀——仿佛春山雨霁，满鼻皆新绿香，而策仗独行，随流折步，意态闲闲。拿这些纸上的花草树木来培养诗意文思，比之读当时末流文人的干号，效果要好得多。若谓野牡丹:叶椭圆形，有短柄，对生，叶面多粗毛，有五条纵行粗脉，夏日，茎梢出短梗开花，花瓣五片，形大，淡紫色，颇美丽。以上说形态。又说它的生态，则谓：长绿灌木，山野自生，分布粤闽川等地。纵目读下去，那些图绘也随文字活跃起来，仿佛是在深山的更深处，虫声清越，浓翠湿衣，空山无人，水流花谢，感觉很舒服。这样的书，其实也就是诗了。比起当世诗歌刊物上的一些呓语来，其差异不啻天渊。蒲松龄翁的小说《贾奉雉》说这贾生学富五车，腹笥充盈，见识也高，却屡考不中，后来从友人劝，以不可告人之谵言妄语连缀成文，却因此轻薄不通的谲词闲扯而高中，连他自己也颇感意外。今世之某些文论、诗歌、随笔也多类此，虽万千生灵之命运，而不知表达叙写，离兴观群怨之旨，越发远矣。读之徒增精神紊乱，何苦呢？远不如《植物图鉴》之类峬峭，生机盎然。

虽置身现代，舟车之利远过古人，染于自然风景的疏离，也过于古人。比起三百多年前的徐霞客来，逊色多了。清寒的士子，俗尘万斛，哪有好坏？更以果腹尚属难期，而舟车便利，也非能随意假借，故比之有轿夫随行的弘祖先生来，吾侪只好低眉长喟了。“避暑分居，荒伧无度，科头跣足，日伍村农，颇有溪山，足供游眺，唯于风清露白之夜，偶忆故人，辄不胜天各一方之感耳。”这是陈布雷写给胡寄尘的信，读这样的文字，真可以不必亲临溪山了。这是风景引发的人生悲悯。徐弘祖说：“涉涧而南，透峡西出，则其内平洼一围下坠如城，四山回合与其上，底圆整如镜。得良畴数千亩，村庐错落，鸡犬桑麻，俱有灵气，不意危崖绝蹬之上，芙蓉蒂里又现此世界也。”“乃得引水之塍，其中俱已插秧遍绿；峡中所种，俱红花成畦，已可采矣。”（《滇游日记》，卷九）看来弘祖先生已融化为自然精灵的一分子了。为道所亲历，他是不避文辞繁丽的，更不失质实详密之体。他的形容物态，摹绘情景，都做到雅丽自赏，足以移动人己之情。除了可以怡悦自己的心眼，更可持赠我辈后来者，在如此文字氛围中，似已不必多事亲涉山水之间了！

深山大泽，流峙终古，乃天地法象示人之自然文采，其中有真意，有大美，然而雪泥鸿爪转眼云烟，百年之期若瞬，更兼手足之力有限，故陶写胸次，莫过于纸上的风景。《庄子》说：“虎豹之文来田。”是因炳蔚之文采，招来田猎之祸。可见文采，无论自然天成，还是心灵所造之文字，确有一种牵动心目的本质内在力量。况今日后工业社会，人类自夸文明，而种种排泄污物、浊秽、臭气、垃圾，重吨如山，却悉数加诸自然之身，土地羞蒙，山川变色，疮痍满目；净土灵境，实已至难寻觅。故欲出尘之胸襟，赏会山水之心情，亦唯余纸上逍遥一途了。陵谷变迁，鱼龙曼衍，有什么法子可想呢！

纸上的风景，搜剔幽秘，如人饮水，冷暖自知。欧洲小说，自夏多布里昂，描写风景，成为一时风尚。虽游离主题之外，却自有妙趣。五代后蜀时期编选的《才调集》，他就相信文字词采，其韵之高，可比桂魄；其词之丽，可胜春色。陈从周一部《说园》，议论周匝，文字雅俊，缩龙成寸，点缀疏密，不啻一部胸中之园林。微雨小窗，草木苍然，苏东坡时代的风景，今天已难实指，而其文字心情，仍可一贯。夜来风雨一灯，闭户读书，翻开《全唐诗》，光是看看题目，也就很有意思了。《塞路晚晴》《春晚旅次有怀》《秋宿湘江遇雨》《寄邻庄道侣》，汉字天然的组合，意境深深，惹人沉吟叩弹。看来纸上的风景，一半是大自然，一半是文字奇妙组合产生的韵味。魏晋诗歌虽窥情风景，钻貌草木，太过重视形似，然在一番雕琢研磨之中，文字的神理，悄然潜伏下来。故虽看若形似，而文字越前年，实形神俱在。顾长康说会稽山川之美是“千岩竞秀，万壑争流”。多少年又多少年，山川非复旧时容，而此文字定格的自然之美却灵性长存不灭。文字意境，其勾勒渲染，所予人者，甚至过于自然本身。可以说，自然山川是第一自然，而文字所表现的自然之美，是第二自然。品藻纸上的风景，是复活了两种自然的滋味，咀嚼不尽，传之久远。更妙的是英国 19 世纪文论家罗利（Raleigh）拿风景来形容文字奥妙“It is this obscure thicket , Overgrown with weeds , Set with thorns , and haunted by shadows , this world of words 。”(《近代英美散文》,

第 67 页：商务印书馆）（文字世界，这块野蔓纵横，荆棘密布，精灵出没于其间的阴翳丛薮啊！）看来有前定宿缘。而汉字的合具象、抽象、想象于一体的艺术特性，恐怕更是首当其冲，培养胸中的山水，求诸故纸已很可宝贵了。

苏东坡宦游之际多在淮、浙之间，后又以龙图学士出知杭州。老百姓喜欢他的行政方式，而他则乐其湖山水色。有一次他路过杭州寿星院经停休息，恍然之间觉得好像与这里的风景在前生就已经相识似的，好像上一辈子就已经亲身游历过了。这是真正吃透了山水的精神，是不折不扣的山水知己。大自然的面目翕然来自亲人，端的是“我见青山多妩媚，料青山，见我应如是”。山水爽朗清洁的气质，灌注在人的形象中，应是坦诚磊落，光风霁月那样一种面目的。山水当为之增色，而人的精神得其滋润，这样的胸怀，是何等样的深度何等的脱俗啊。